MÉMENTO PERSONNEL

DE JURISPRUDENCE.

CODE DE COMMERCE.

PARIS. — IMPRIMERIE ET LIBRAIRIE ADMINISTRATIVES DE PAUL DUPONT,
Rue de Grenelle-Saint-Honoré, 45.

MÉMENTO PERSONNEL

DE JURISPRUDENCE

ou

RECUEIL DE CODES A NOTER

CONTENANT

LE CODE NAPOLÉON, — LE CODE DE PROCÉDURE CIVILE, — LE CODE DE COMMERCE, —
LE CODE D'INSTRUCTION CRIMINELLE, — LE CODE PÉNAL.

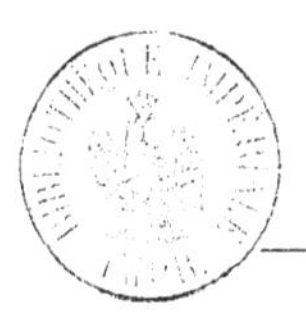

Par M. VIDAL, ancien Avoué.

Troisième Livraison : **CODE DE COMMERCE.**

Prix : **3** francs.

PARIS,

IMPRIMERIE ET LIBRAIRIE ADMINISTRATIVES DE PAUL DUPONT,

RUE DE GRENELLE-SAINT-HONORÉ, N° 45.

1858-1859

CODE DE COMMERCE.

LIVRE PREMIER.

Du commerce en général.

(Tit. I. — VII. Loi décrétée le 10 septembre 1807, promulguée le 20. — Tit. VIII. Loi décrétée le 11, promulguée le 21.)

TITRE PREMIER.

DES COMMERÇANTS.

Art. 1. Sont commerçants ceux qui exercent des actes de commerce, et en font leur profession habituelle.

2. Tout mineur émancipé de l'un et de l'autre sexe, âgé de dix-huit ans accomplis, qui voudra profiter de la faculté que lui accorde l'article 487 du Code Napoléon, de faire le commerce, ne pourra en commencer les opérations, ni être réputé majeur, quant aux engagements par lui contractés pour faits de commerce, 1° s'il n'a été préalablement autorisé par son père, ou par sa mère, en cas de décès, interdiction ou absence du père, ou, à défaut du père et de la mère, par une délibération du conseil de famille homologuée par le tribunal civil ; 2° si, en outre, l'acte d'autorisation n'a été enregistré et affiché au tribunal de commerce du lieu où le mineur veut établir son domicile.

3. La disposition de l'article précédent est applicable aux mineurs même non commerçants, à l'égard de tous les faits qui sont déclarés faits de commerce par les dispositions des articles 632 et 633.

4. La femme ne peut être marchande publique sans le consentement de son mari.

5. La femme, si elle est marchande publique, peut, sans l'autorisation de son mari, s'obliger pour ce qui concerne son négoce, et, audit cas, elle oblige aussi son mari, s'il y a communauté entre eux. — Elle n'est pas réputée marchande publique, si elle ne fait que détailler les marchandises du commerce de son mari ; elle n'est réputée telle que lorsqu'elle fait un commerce séparé.

6. Les mineurs marchands, autorisés comme il est dit ci-dessus, peuvent engager et hypothéquer leurs immeubles. Ils peuvent même les aliéner, mais en suivant les formalités prescrites par les articles 457 et suivants du Code Napoléon.

7. Les femmes marchandes publiques peuvent également engager, hypothéquer et aliéner leurs immeubles. Toutefois leurs biens stipulés dotaux, quand elles sont mariées sous le régime dotal, ne peuvent être hypothéqués ni aliénés que dans les cas déterminés et avec les formes réglées par le Code Napoléon.

TITRE DEUXIÈME.

DES LIVRES DE COMMERCE.

8. Tout commerçant est tenu d'avoir un livre-journal qui présente, jour par jour, ses dettes actives et passives, les opérations de son commerce, ses négociations, acceptations ou endossements d'effets, et généralement tout ce qu'il reçoit et paye à quelque titre que ce soit ; et qui énonce, mois par mois, les sommes employées à la dépense de sa maison : le tout indépendamment des autres livres usités dans le commerce, mais qui ne sont pas indispensables. — Il est tenu de mettre en liasse les lettres missives qu'il reçoit, et de copier sur un registre celles qu'il envoie.

9. Il est tenu de faire, tous les ans, sous seing privé, un inventaire de ses effets mobiliers et immobiliers, et de ses dettes actives et passives, et de le copier, année par année, sur un registre spécial à ce destiné.

10. Le livre-journal et le livre des inventaires seront parafés et visés une fois par année. — Le livre de copies de lettres ne sera pas soumis à cette formalité. — Tous seront tenus par ordre de dates, sans blancs, lacunes, ni transports en marge.

ARRÊTS ET JURISPRUDENCE DE LA COUR
DE CASSATION.

ARRÊTS ET JURISPRUDENCE DE LA COUR IMPÉRIALE
DU RESSORT.

JUGEMENTS ET JURISPRUDENCE DU TRIBUNAL CIVIL DU RESSORT.

OBSERVATIONS DIVERSES.

11. Les livres dont la tenue est ordonnée par les articles 8 et 9 ci-dessus seront cotés, parafés et visés soit par un des juges des tribunaux de commerce, soit par le maire ou un adjoint, dans la forme ordinaire et sans frais. Les commerçants seront tenus de conserver ces livres pendant dix ans.

12. Les livres de commerce, régulièrement tenus, peuvent être admis par le juge pour faire preuve entre commerçants, pour faits de commerce.

13. Les livres que les individus faisant le commerce sont obligés de tenir, et pour lesquels ils n'auront pas observé les formalités ci-dessus prescrites, ne pourront être représentés ni faire foi en justice, au profit de ceux qui les auront tenus; sans préjudice de ce qui sera réglé au livre des *Faillites et Banqueroutes.*

14. La communication des livres et inventaires ne peut être ordonnée en justice que dans les affaires de succession, communauté, partage de société et en cas de faillite.

15. Dans le cours d'une contestation, la représentation des livres peut être ordonnée par le juge, même d'office, à l'effet d'en extraire ce qui concerne le différend.

16. En cas que les livres dont la représentation est offerte, requise ou ordonnée, soient dans des lieux éloignés du tribunal saisi de l'affaire, les juges peuvent adresser une commission rogatoire au tribunal de commerce du lieu, ou déléguer un juge de paix pour en prendre connaissance, dresser un procès-verbal du contenu, et l'envoyer au tribunal saisi de l'affaire.

17. Si la partie aux livres de laquelle on offre d'ajouter foi, refuse de les représenter, le juge peut déférer le serment à l'autre partie.

TITRE TROISIÈME.

DES SOCIÉTÉS.

SECT. I. — *Des diverses sociétés, et de leurs règles.*

18. Le contrat de société se règle par le droit civil, par les lois particulières au commerce et par les conventions des parties.

19. La loi reconnaît trois espèces de sociétés commerciales : — La société en nom collectif, — La société en commandite, — La société anonyme.

20. La *société en nom collectif* est celle que contractent deux personnes ou un plus grand nombre, et qui a pour objet de faire le commerce sous une raison sociale.

21. Les noms des associés peuvent seuls faire partie de la raison sociale.

22. Les associés en nom collectif, indiqués dans l'acte de société, sont solidaires pour tous les engagements de la société, encore qu'un seul des associés ait signé, pourvu que ce soit sous la raison sociale.

23. La *société en commandite* se contracte entre un ou plusieurs associés responsables et solidaires, et un ou plusieurs associés simples bailleurs de fonds, que l'on nomme *commanditaires* ou *associés en commandite.* — Elle est régie sous un nom social, qui doit être nécessairement celui d'un ou plusieurs des associés responsables et solidaires.

24. Lorsqu'il y a plusieurs associés solidaires et en nom, soit que tous gèrent ensemble, soit qu'un ou plusieurs gèrent pour tous, la société est, à la fois, société en nom collectif à leur égard, et société en commandite à l'égard des simples bailleurs de fonds.

25. Le nom d'un associé commanditaire ne peut faire partie de la raison sociale.

26. L'associé commanditaire n'est passible des pertes que jusqu'à concurrence des fonds qu'il a mis ou dû mettre dans la société.

27. L'associé commanditaire ne peut faire aucun acte de gestion, ni être employé pour les affaires de la société, même en vertu de procuration.

28. En cas de contravention à la prohibition mentionnée dans l'article précédent, l'associé commanditaire est obligé solidairement, avec les associés en nom collectif, pour toutes les dettes et engagements de la société.

29. La *société anonyme* n'existe point sous un nom social : elle n'est désignée par le nom d'aucun des associés.

30. Elle est qualifiée par la désignation de l'objet de son entreprise.

31. Elle est administrée par des mandataires à temps, révocables, associés ou non associés, salariés ou gratuits.

32. Les administrateurs ne sont responsables que de l'exécution du mandat qu'ils ont reçu. — Ils ne contractent, à raison de leur gestion, aucune obligation personnelle ni solidaire relativement aux engagements de la société.

33. Les associés ne sont passibles que de la perte du montant de leur intérêt dans la société.

34. Le capital de la société anonyme se divise en actions et même en coupons d'action d'une valeur égale.

35. L'action peut être établie sous la forme d'un titre au porteur. — Dans ce cas, la cession s'opère par la tradition du titre.

36. La propriété des actions peut être établie par une inscription sur les registres de la société. — Dans ce cas, la cession s'opère par une déclaration de transfert inscrite sur les registres, et signée de celui qui fait le transport ou d'un fondé de pouvoir.

37. La société anonyme ne peut exister qu'avec l'autorisation de l'Empereur, et avec son approbation pour l'acte qui la constitue; cette approbation doit être donnée dans la forme prescrite pour les règlements d'administration publique.

38. Le capital des sociétés en commandite pourra être aussi divisé en actions, sans aucune autre dérogation aux règles établies pour ce genre de société.

39. Les sociétés en nom collectif ou en commandite doivent être constatées par des actes publics ou sous signature privée, en se conformant, dans ce dernier cas, à l'article 1325 du Code Napoléon.

40. Les sociétés anonymes ne peuvent être formées que par des actes publics.

41. Aucune preuve par témoins ne peut être admise contre et outre le contenu dans les actes de société, ni sur ce qui serait allégué avoir été dit avant l'acte, lors de l'acte ou depuis, encore qu'il s'agisse d'une somme au-dessous de cent cinquante francs.

42. L'extrait des actes de société en nom collectif et en commandite doit être remis, dans la quinzaine de leur date, au greffe du tribunal

<table>
<tr><td>ARRÊTS ET JURISPRUDENCE DE LA COUR
DE CASSATION.</td><td>ARRÊTS ET JURISPRUDENCE DE LA COUR IMPÉRIALE
DU RESSORT.</td></tr>
</table>

JUGEMENTS ET JURISPRUDENCE DU TRIBUNAL CIVIL DU RESSORT.

OBSERVATIONS DIVERSES.

de commerce de l'arrondissement dans lequel est établie la maison de commerce social, pour être transcrit sur le registre, et affiché pendant trois mois dans la salle des audiences. — Si la société a plusieurs maisons de commerce situées dans divers arrondissements, la remise, la transcription et l'affiche de cet extrait, seront faites au tribunal de commerce de chaque arrondissement. — « Chaque année, dans la première quinzaine de janvier, les tribunaux de commerce désigneront, au chef-lieu de leur ressort, et, à leur défaut, dans la ville la plus voisine, un ou plusieurs journaux où devront être insérés, dans la quinzaine de leur date, les extraits d'actes de société en nom collectif ou en commandite, et règleront le tarif de l'impression de ces extraits. — Il sera justifié de cette insertion par un exemplaire du journal, certifié par l'imprimeur, légalisé par le maire et enregistré dans les trois mois de sa date. » — Ces formalités seront observées, à peine de nullité à l'égard des intéressés; mais le défaut d'aucune d'elles ne pourra être opposé à des tiers par les associés.

43. L'extrait doit contenir : — Les noms, prénoms, qualités et demeures des associés autres que les actionnaires ou commanditaires, — La raison de commerce de la société, — La désignation de ceux des associés autorisés à gérer, administrer et signer pour la société, — Le montant des valeurs fournies ou à fournir par actions ou en commandite, — L'époque où la société doit commencer, et celle où elle doit finir.

44. L'extrait des actes de société est signé, pour les actes publics, par les notaires, et pour les actes sous seing privé, par tous les associés, si la société est en nom collectif, et par les associés solidaires ou gérants, si la société est en commandite, soit qu'elle se divise ou ne se divise pas en actions.

45. L'ordonnance de l'Empereur qui autorise les sociétés anonymes devra être affichée avec l'acte d'association et pendant le même temps.

46. Toute continuation de société, après son terme expiré, sera constatée par une déclaration des coassociés. — Cette déclaration, et tous actes portant dissolution de société avant le terme fixé pour sa durée par l'acte qui l'établit, tout changement ou retraite d'associés, toutes nouvelles stipulations ou clauses, tout changement à la raison de société, sont soumis aux formalités prescrites par les articles 42, 43 et 44. — En cas d'omission de ces formalités, il y aura lieu à l'application des dispositions pénales de l'article 42, dernier alinéa.

47. Indépendamment des trois espèces de sociétés ci-dessus, la loi reconnaît les *associations commerciales en participation*.

48. Ces associations sont relatives à une ou plusieurs *opérations de commerce*; elles ont lieu pour les objets, dans les formes, avec les proportions d'intérêt et aux conditions convenues entre les participants.

49. Les associations en participation peuvent être constatées par la représentation des livres, de la correspondance, ou par la preuve testimoniale, si le tribunal juge qu'elle peut être admise.

50. Les associations commerciales en participation ne sont pas sujettes aux formalités prescrites pour les autres sociétés.

SECT. II. — *Des contestations entre associés, et de la manière de les décider.*

51. Toutes contestations entre associés, et pour raison de la société, sera jugée par des arbitres.

52. Il y aura lieu à l'appel du jugement arbitral ou au pourvoi en cassation, si la renonciation n'a pas été stipulée. L'appel sera porté devant la cour impériale.

53. La nomination des arbitres se fait : — Par un acte sous signature privée, — Par acte notarié. — Par acte extrajudiciaire, — Par un consentement donné en justice.

54. Le délai pour le jugement est fixé par les parties, lors de la nomination des arbitres; et, s'ils ne sont pas d'accord sur le délai, il sera réglé par les juges.

55. En cas de refus de l'un ou de plusieurs des associés de nommer des arbitres, les arbitres sont nommés d'office par le tribunal de commerce.

56. Les parties remettent leurs pièces et mémoires aux arbitres, sans aucune formalité de justice.

57. L'associé en retard de remettre les pièces et mémoires est sommé de le faire dans les dix jours.

58. Les arbitres peuvent, suivant l'exigence des cas, proroger le délai pour la production des pièces.

59. S'il n'y a renouvellement de délai, ou si le nouveau délai est expiré, les arbitres jugent sur les seules pièces et mémoires remis.

60. En cas de partage, les arbitres nomment un sur-arbitre, s'il n'est nommé par le compromis : si les arbitres sont discordants sur le choix, le sur-arbitre est nommé par le tribunal de commerce.

61. Le jugement arbitral est motivé. — Il est déposé au greffe du tribunal de commerce. — Il est rendu exécutoire sans aucune modification, et transcrit sur les registres, en vertu d'une ordonnance du président du tribunal, lequel est tenu de la rendre pure et simple, et dans le délai de trois jours du dépôt au greffe.

62. Les dispositions ci-dessus sont communes aux veuves, héritiers ou ayants cause des associés.

63. Si des mineurs sont intéressés dans une contestation pour raison d'une société commerciale, le tuteur ne pourra renoncer à la faculté d'appeler du jugement arbitral.

64. Toutes actions contre les associés non liquidateurs et leurs veuves, héritiers ou ayants cause, sont prescrites cinq ans après la fin ou la dissolution de la société, si l'acte de société qui en énonce la durée, ou l'acte de dissolution, a été affiché et enregistré conformément aux articles 42, 43, 44 et 46, et si, depuis cette formalité remplie, la prescription n'a été interrompue à leur égard par aucune poursuite judiciaire.

TITRE QUATRIÈME.

DES SÉPARATIONS DE BIENS.

65. Toute demande en séparation de biens sera poursuivie, instruite et jugée conformément à ce qui est prescrit au Code Napoléon, liv. III, tit. V, chap. II, sect. III. (art. 1443 à 1452), et au Code de procédure civile, 2ᵉ partie, liv. I, tit. VIII (art. 865 à 874).

66. Tout jugement qui prononcera une séparation de corps ou un divorce entre mari et femme, dont l'un serait commerçant, sera soumis aux formalités prescrites par l'article 872 du

ARRÊTS ET JURISPRUDENCE DE LA COUR DE CASSATION.	ARRÊTS ET JURISPRUDENCE DE LA COUR IMPÉRIALE DU RESSORT.

JUGEMENTS ET JURISPRUDENCE DU TRIBUNAL CIVIL DU RESSORT.

OBSERVATIONS DIVERSES.

Code de procédure civile ; à défaut de quoi, les créanciers seront toujours admis à s'y opposer, pour ce qui touche leurs intérêts, et à contredire toute liquidation qui en aurait été la suite.

67. Tout contrat de mariage entre époux, dont l'un sera commerçant, sera transmis par extrait, dans le mois de sa date, aux greffes et chambres désignés par l'article 872 du Code de procédure civile, pour être exposé au tableau, conformément au même article. — Cet extrait annoncera si les époux sont mariés en communauté, s'ils sont séparés de biens, ou s'ils ont contracté sous le régime dotal.

68. Le notaire qui aura reçu le contrat de mariage sera tenu de faire la remise ordonnée par l'article précédent, sous peine de cent francs d'amende, et même de destitution et de responsabilité envers les créanciers, s'il est prouvé que l'omission soit la suite d'une collusion.

69. « L'époux séparé de biens, ou marié sous le régime dotal, qui embrasserait la profession de commerçant postérieurement à son mariage, sera tenu de faire pareille remise dans le mois du jour où il aura ouvert son commerce ; à défaut de cette remise, il pourra être, en cas de faillite, condamné comme banqueroutier simple. »

70. La même remise sera faite, sous les mêmes peines, dans l'année de la publication de la présente loi, par tout époux séparé de biens, ou marié sous le régime dotal, qui, au moment de ladite publication, exercerait la profession de commerçant.

TITRE CINQUIÈME.

DES BOURSES DE COMMERCE, AGENTS DE CHANGE ET COURTIERS.

SECT. I. — *Des bourses de commerce.*

71. La bourse de commerce est la réunion qui a lieu, sous l'autorité de l'Empereur, des commerçants, capitaines de navire, agents de change et courtiers.

72. Le résultat des négociations et des transactions qui s'opèrent dans la bourse détermine le cours du change des marchandises, des assurances, du fret ou nolis, du prix des transports par terre ou par eau, des effets publics et autres dont le cours est susceptible d'être coté.

73. Ces divers cours sont constatés par les agents de change et courtiers, dans la forme prescrite par les règlements de police généraux ou particuliers.

SECT. II. — *Des agents de change et courtiers.*

74. La loi reconnaît, pour les actes de commerce, des agents intermédiaires ; savoir, les agents de change et les courtiers.

75. Il y en a dans toutes les villes qui ont une bourse de commerce. — Ils sont nommés par l'Empereur.

76. Les agents de change, constitués de la manière prescrite par la loi, ont seuls le droit de faire les négociations des effets publics et autres susceptibles d'être cotés ; de faire pour le compte d'autrui les négociations des lettres de change ou billets, et de tous papiers commerçables, et d'en constater le cours. — Les agents de change pourront faire, concurremment avec les courtiers de marchandises, les négociations et le courtage des ventes ou achats des matières métalliques. Ils ont seuls le droit d'en constater le cours.

77. Il y a des courtiers de marchandises, — Des courtiers d'assurances, — Des courtiers interprètes et conducteurs de navires, — Des courtiers de transport par terre et par eau.

78. Les courtiers de marchandises, constitués de la manière prescrite par la loi, ont seuls le droit de faire le courtage des marchandises, d'en constater le cours ; ils exercent, concurremment avec les agents de change, le courtage des matières métalliques.

79. Les courtiers d'assurances rédigent les contrats ou polices d'assurances, concurremment avec les notaires ; ils en attestent la vérité par leurs signatures ; certifient le taux des primes pour tous les voyages de mer ou de rivières.

80. Les courtiers interprètes et conducteurs de navires font le courtage des affrétements : ils ont, en outre, seuls le droit de traduire, en cas de contestations portées devant les tribunaux, les déclarations, chartes-parties, connaissements, contrats, et tous actes de commerce dont la traduction serait nécessaire : enfin, de constater le cours du fret ou du nolis. — Dans les affaires contentieuses de commerce, et pour le service des douanes, ils serviront seuls de truchement à tous étrangers, maîtres de navire, marchands, équipages de vaisseaux et autres personnes de mer.

81. Le même individu peut, si l'acte du gouvernement qui l'institue l'y autorise, cumuler les fonctions d'agent de change, de courtier de marchandises ou d'assurances, et de courtier interprète et conducteur de navire.

82. Les courtiers de transports par terre et par eau, constitués selon la loi, ont seuls, dans les lieux où ils sont établis, le droit de faire le courtage des transports par terre et par eau ; ils ne peuvent cumuler, dans aucun cas et sous aucun prétexte, les fonctions de courtiers de marchandises, d'assurances, ou de courtiers conducteurs de navires, désignées aux articles 78, 79 et 80.

83. Ceux qui ont fait faillite ne peuvent être agents de change ni courtiers, s'ils n'ont été réhabilités.

84. Les agents de change et courtiers sont tenus d'avoir un livre revêtu des formes prescrites par l'article 11. — Ils sont tenus de consigner dans ce livre, jour par jour, et par ordre de dates, sans ratures, interlignes ni transpositions, et sans abréviations ni chiffres, toutes les conditions des ventes, achats, assurances, négociations, et en général de toutes les opérations, faites par leur ministère.

85. Un agent de change ou courtier ne peut, dans aucun cas et sous aucun prétexte, faire des opérations de commerce ou de banque pour son compte. — Il ne peut s'intéresser directement ni indirectement, sous son nom ou sous un nom interposé, dans aucune entreprise commerciale. — Il ne peut recevoir ni payer pour le compte de ses commettants.

86. Il ne peut se rendre garant de l'exécution des marchés dans lesquels il s'entremet.

87. Toute contravention aux dispositions énoncées dans les deux articles précédents entraîne la peine de destitution, et une condamnation d'amende, qui sera prononcée par le tribunal de police correctionnelle, et qui ne peut être au-dessus de trois mille francs, sans préjudice de l'action des parties en dommages et intérêts.

88. Tout agent de change ou courtier, desti-

ARRÊTS ET JURISPRUDENCE DE LA COUR
DE CASSATION.

ARRÊTS ET JURISPRUDENCE DE LA COUR IMPÉRIALE
DU RESSORT.

JUGEMENTS ET JURISPRUDENCE DU TRIBUNAL CIVIL DU RESSORT.

OBSERVATIONS DIVERSES.

tué en vertu de l'article précédent, ne peut être réintégré dans ses fonctions.

89. En cas de faillite, tout agent de change ou courtier est poursuivi comme banqueroutier.

90. Il sera pourvu, par des règlements d'administration publique, à tout ce qui est relatif à la négociation et transmission de propriété des effets publics.

TITRE SIXIÈME.

DES COMMISSIONNAIRES.

SECT. I. — *Des commissionnaires en général.*

91. Le commissionnaire est celui qui agit en son propre nom, ou sous un nom social, pour le compte d'un commettant.

92. Les devoirs et les droits du commissionnaire qui agit au nom d'un commettant sont déterminés par le Code Napoléon, livre III, titre XIII (art. 1984 à 2010).

93. Tout commissionnaire qui a fait des avances sur des marchandises à lui expédiées d'une autre place, pour être vendues pour le compte d'un commettant, a privilége, pour le remboursement de ses avances, intérêts et frais, sur la valeur des marchandises, si elles sont à sa disposition, dans ses magasins ou dans un dépôt public, ou si, avant, qu'elles soient arrivées, il peut constater, par un connaissement ou par une lettre de voiture, l'expédition qui lui en a été faite.

94. Si les marchandises ont été vendues et livrées pour le compte du commettant, le commissionnaire se rembourse, sur le produit de la vente, du montant de ses avances, intérêts et frais, par préférence aux créanciers du commettant.

95. Tous prêts, avances ou payements qui pourraient être faits sur des marchandises déposées ou consignées par un individu résidant dans le lieu du domicile du commissionnaire, ne donnent privilége au commissionnaire ou dépositaire, qu'autant qu'il s'est conformé aux dispositions prescrites par le Code Napoléon, livre III, titre XVII (art. 2073 à 2084), pour les prêts sur gages ou nantissements.

SECT. II. — *Des commissionnaires pour les transports par terre et par eau.*

96. Le commissionnaire qui se charge d'un transport par terre ou par eau est tenu d'inscrire sur son livre-journal la déclaration de la nature et de la quantité des marchandises, et, s'il en est requis, de leur valeur.

97. Il est garant de l'arrivée des marchandises et effets dans le délai déterminé par la lettre de voiture, hors les cas de la force majeure légalement constatée.

98. Il est garant des avaries ou pertes de marchandises et effets, s'il n'y a stipulation contraire dans la lettre de voiture, ou force majeure.

99. Il est garant des faits du commissionnaire intermédiaire auquel il adresse les marchandises.

100. La marchandise sortie du magasin du vendeur ou de l'expéditeur voyage, s'il n'y a convention contraire, aux risques et périls de celui à qui elle appartient, sauf son recours contre le commissionnaire et le voiturier chargés du transport.

101. La lettre de voiture forme un contrat entre l'expéditeur et le voiturier, ou entre-l'expéditeur, le commissionnaire et le voiturier.

102. La lettre de voiture doit être datée. — Elle doit exprimer — La nature et le poids ou la contenance des objets à transporter, — Le délai dans lequel le transport doit être effectué. — Elle indique — Le nom et le domicile du commissionnaire par l'entremise duquel le transport s'opère, s'il y en a un, — Le nom de celui à qui la marchandise est adressée, — Le nom et le domicile du voiturier. — Elle énonce — Le prix de la voiture, — L'indemnité due pour cause de retard. — Elle est signée par l'expéditeur ou le commissionnaire. — Elle présente en marge les marques et numéros des objets à transporter. — La lettre de voiture est copiée par le commissionnaire sur un registre coté et parafé, sans intervalle et de suite.

SECT. III. — *Du voiturier.*

103. Le voiturier est garant de la perte des objets à transporter, hors les cas de la force majeure. — Il est garant des avaries autres que celles qui proviennent du vice propre de la chose ou de la force majeure.

104. Si, par l'effet de la force majeure, le transport n'est pas effectué dans le délai convenu, il n'y a pas lieu à indemnité contre le voiturier pour cause de retard.

105. La réception des objets transportés et le payement du prix de la voiture éteignent toute action contre le voiturier.

106. En cas de refus ou contestation pour la réception des objets transportés, leur état est vérifié et constaté par des experts nommés par le président du tribunal de commerce, ou, à son défaut, par le juge de paix, et par ordonnance au pied d'une requête. — Le dépôt ou séquestre, et ensuite le transport dans un dépôt public, peut en être ordonné. — La vente peut en être ordonnée en faveur du voiturier, jusqu'à concurrence du prix de la voiture.

107. Les dispositions contenues dans le présent titre sont communes aux maîtres de bateaux, entrepreneurs de diligences et voitures publiques.

108. Toutes actions contre le commissionnaire et le voiturier, à raison de la perte ou de l'avarie des marchandises, sont prescrites, après six mois, pour les expéditions faites dans l'intérieur de la France, et après un an, pour celles faites à l'étranger; le tout à compter, pour les cas de perte, du jour où le transport des marchandises aurait dû être effectué, et pour les cas d'avarie, du jour où la remise des marchandises aura été faite, sans préjudice des cas de fraude ou d'infidélité.

TITRE SEPTIÈME.

DES ACHATS ET VENTES.

109. Les achats et ventes se constatent : — Par actes publics, — Par actes sous signature privée. — Par le bordereau ou arrêté d'un agent de change ou courtier, dûment signé par les parties, — Par une facture acceptée, — Par la correspondance, — Par les livres des parties, — Par la preuve testimoniale, dans le cas où le tribunal croira devoir l'admettre.

EXTRAITS DES CODES ANNOTÉS DE SIREY ET AUTRES AUTEURS.

ARRÊTS ET JURISPRUDENCE DE LA COUR DE CASSATION.	ARRÊTS ET JURISPRUDENCE DE LA COUR IMPÉRIALE DU RESSORT.

JUGEMENTS ET JURISPRUDENCE DU TRIBUNAL CIVIL DU RESSORT.

OBSERVATIONS DIVERSES.

TITRE HUITIÈME.

DE LA LETTRE DE CHANGE, DU BILLET A ORDRE ET DE LA PRESCRIPTION.

SECT. I. — *De la lettre de change.*

§ 1. — De la forme de la lettre de change.

110. La lettre de change est tirée d'un lieu sur un autre.—Elle est datée. — Elle énonce — La somme à payer. — Le nom de celui qui doit payer,—L'époque et le lieu où le payement doit s'effectuer, la valeur fournie en espèces, en marchandises, en compte, ou de toute autre manière. — Elle est à l'ordre d'un tiers, ou à l'ordre du tireur lui-même.—Si elle est par 1re, 2e, 3e, 4e, etc., elle l'exprime.

111. Une lettre de change peut être tirée sur un individu, et payable au domicile d'un tiers. — Elle peut être tirée par ordre et pour le compte d'un tiers.

112. Sont réputées simples promesses toutes lettres de change contenant supposition soit de nom, soit de qualité, soit de domicile, soit des lieux d'où elles *sont* tirées ou dans lesquelles elles *sont* payables.

113. La signature des femmes et des filles non négociantes ou marchandes publiques, sur lettres de change, ne vaut, à leur égard, que comme simple promesse.

114. Les lettres de change souscrites par des mineurs non négociants sont nulles à leur égard, sauf les droits respectifs des parties, conformément à l'article 1312 du Code Napoléon.

§ 2. — De la provision.

115. La provision doit être faite par le tireur, ou par celui pour le compte de qui la lettre de change sera tirée, sans que le tireur pour compte d'autrui cesse d'être personnellement obligé envers les endosseurs et le porteur seulement.

116. Il y a provision, si, à l'échéance de la lettre de change, celui sur qui elle est fournie est redevable au tireur, ou à celui pour compte de qui elle est tirée, d'une somme au moins égale au montant de la lettre de change.

117. L'acceptation suppose la provision. — Elle en établit la preuve à l'égard des endosseurs. — Soit qu'il y ait ou non acceptation, le tireur seul est tenu de prouver, en cas de dénégation, que ceux sur qui la lettre était tirée avaient provision à l'échéance : sinon il est tenu de la garantir, quoique le protêt ait été fait après les délais fixés.

§ 3. — De l'acceptation.

118. Le tireur et les endosseurs d'une lettre de change sont garants solidaires de l'acceptation et du payement à l'échéance.

119. Le refus d'acceptation est constaté par un acte que l'on nomme *protêt faute d'acceptation.*

120. Sur la notification du protêt faute d'acceptation, les endosseurs et le tireur sont respectivement tenus de donner caution pour assurer le payement de la lettre de change à son échéance, ou d'en effectuer le remboursement avec les frais de protêt et de rechange. La caution, soit du tireur, soit de l'endosseur, n'est solidaire qu'avec celui qu'elle a cautionné.

121. Celui qui accepte une lettre de change contracte l'obligation d'en payer le montant. — L'accepteur n'est pas restituable contre son acceptation, quand même le tireur aurait failli à son insu avant qu'il eût accepté.

122. L'acceptation d'une lettre de change doit être signée. — L'acceptation est exprimée par le mot *accepté.* — Elle est datée, si la lettre est à un ou plusieurs jours ou mois de vue. — Et, dans ce dernier cas, le défaut de date de l'acceptation rend la lettre exigible au terme y exprimé, à compter de sa date.

123. L'acceptation d'une lettre de change payable dans un autre lieu que celui de la résidence de l'accepteur indique le domicile où le payement doit être effectué ou les diligences faites.

124. L'acceptation ne peut être conditionnelle ; mais elle peut être restreinte quant à la somme acceptée. — Dans ce cas, le porteur est tenu de faire protester la lettre de change pour le surplus.

125. Une lettre de change doit être acceptée à sa présentation, ou au plus tard dans les vingt-quatre heures de la présentation. — Après les vingt-quatre heures, si elle n'est pas rendue, acceptée ou non acceptée, celui qui l'a retenue est passible de dommages-intérêts envers le porteur.

§ 4. — De l'acceptation par intervention.

126. Lors du protêt faute d'acceptation, la lettre de change peut être acceptée par un tiers intervenant pour le tireur ou pour l'un des endosseurs. — L'intervention est mentionnée dans l'acte du protêt; elle est signée par l'intervenant.

127. L'intervenant est tenu de notifier sans délai son intervention à celui pour qui il est intervenu.

128. Le porteur de la lettre de change conserve tous ses droits contre le tireur et les endosseurs, à raison du défaut d'acceptation par celui sur qui la lettre était tirée, nonobstant toutes acceptations par intervention.

§ 5. — De l'échéance.

129. Une lettre de change peut être tirée, à vue,
à un ou plusieurs jours ⎫
à un ou plusieurs mois ⎬ de vue,
à une ou plusieurs usances ⎭
à un ou plusieurs jours ⎫
à un ou plusieurs mois ⎬ de date,
à une ou plusieurs usances ⎭
à jour fixe ou à jour déterminé,
en foire.

130. La lettre de change à vue est payable à sa présentation.

131. L'échéance d'une lettre de change
à un ou plusieurs jours ⎫
à un ou plusieurs mois ⎬ de vue,
à une ou plusieurs usances ⎭
est fixée par la date de l'acceptation, ou par celle du protêt faute d'acceptation.

132. L'usance est de trente jours, qui courent du lendemain de la date de la lettre de change.—Les mois sont tels qu'ils sont fixés par le calendrier grégorien.

133. Une lettre de change payable en foire est échue la veille du jour fixé pour la clôture de la foire, ou le jour de la foire, si elle ne dure qu'un jour.

ARRÊTS ET JURISPRUDENCE DE LA COUR DE CASSATION.	ARRÊTS ET JURISPRUDENCE DE LA COUR IMPÉRIALE DU RESSORT.

JUGEMENTS ET JURISPRUDENCE DU TRIBUNAL CIVIL DU RESSORT.

OBSERVATIONS DIVERSES.

134. Si l'échéance d'une lettre de change est à un jour férié légal, elle est payable la veille.

135. Tous les délais de grâce, de faveur, d'usage ou d'habitude locale, pour le payement des lettres de change, sont abrogés.

§ 6. — De l'endossement.

136. La propriété d'une lettre de change se transmet par la voie de l'endossement.

137. L'endossement est daté. — Il exprime la valeur fournie. — Il énonce le nom de celui à l'ordre de qui il est passé.

138. Si l'endossement n'est pas conforme aux dispositions de l'article précédent, il n'opère pas le transport ; il n'est qu'une procuration.

139. Il est défendu d'antidater les ordres, à peine de faux.

§ 7. — De la solidarité.

140. Tous ceux qui ont signé, accepté ou endossé une lettre de change, sont tenus à la garantie solidaire envers le porteur.

§ 8. — De l'aval.

141. Le payement d'une lettre de change, indépendamment de l'acceptation et de l'endossement, peut être garanti par un aval.

142. Cette garantie est fournie, par un tiers, sur la lettre même, ou par acte séparé. — Le donneur d'aval est tenu solidairement et par les mêmes voies que les tireur et endosseurs, sauf les conventions différentes des parties.

§ 9. — Du payement.

143. Une lettre de change doit être payée dans la monnaie qu'elle indique.

144. Celui qui paye une lettre de change avant son échéance est responsable de la validité du payement.

145. Celui qui paye une lettre de change à son échéance et sans opposition est présumé valablement libéré.

146. Le porteur d'une lettre de change ne peut être contraint d'en recevoir le payement avant l'échéance.

147. Le payement d'une lettre de change fait sur une seconde, troisième, quatrième, etc., est valable, lorsque la seconde, troisième, quatrième, etc., porte que ce payement annule l'effet des autres.

148. Celui qui paye une lettre de change sur une seconde, troisième, quatrième, etc., sans retirer celle sur laquelle se trouve son acceptation, n'opère point sa libération à l'égard du tiers porteur de son acceptation.

149. Il n'est admis d'opposition au payement qu'en cas de perte de la lettre de change, ou de la faillite du porteur.

150. En cas de perte d'une lettre de change *non acceptée*, celui à qui elle appartient peut en poursuivre le payement sur une seconde, troisième, quatrième, etc.

151. Si la lettre de change perdue est revêtue de l'acceptation, le payement ne peut en être exigé sur une seconde, troisième, quatrième, etc., que par ordonnance du juge, et en donnant caution.

152. Si celui qui a perdu la lettre de change, qu'elle soit acceptée ou non, ne peut représenter la seconde, troisième, quatrième, etc., il peut demander le payement de la lettre de change perdue, et l'obtenir par l'ordonnance du juge, en justifiant de sa propriété par ses livres, et en donnant caution.

153. En cas de refus de payement, sur la demande formée en vertu des deux articles précédents, le propriétaire de la lettre de change perdue conserve tous ses droits par un acte de protestation. — Cet acte doit être fait le lendemain de l'échéance de la lettre de change perdue. — Il doit être notifié aux tireur et endosseurs, dans les formes et délais prescrits ci-après pour la notification du protêt.

154. Le propriétaire de la lettre de change égarée doit, pour s'en procurer la seconde, s'adresser à son endosseur immédiat, qui est tenu de lui prêter son nom et ses soins pour agir envers son propre endosseur ; et ainsi en remontant d'endosseur en endosseur jusqu'au tireur de la lettre. Le propriétaire de la lettre de change égarée supportera les frais.

155. L'engagement de la caution, mentionné dans les articles 151 et 152, est éteint après trois ans, si, pendant ce temps, il n'y a eu ni demandes ni poursuites juridiques.

156. Les payements faits à compte sur le montant d'une lettre de change sont à la décharge des tireur et endosseurs. — Le porteur est tenu de faire protester la lettre de change pour le surplus.

157. Les juges ne peuvent accorder aucun délai pour le payement d'une lettre de change.

§ 10. — Du payement par intervention.

158. Une lettre de change protestée peut être payée par tout intervenant pour le tireur ou pour l'un des endosseurs. — L'intervention et le payement seront constatés dans l'acte de protêt ou à la suite de l'acte.

159. Celui qui paye une lettre de change par intervention est subrogé aux droits du porteur, et tenu des mêmes devoirs pour les formalités à remplir. — Si le payement par intervention est fait pour le compte du tireur, tous les endosseurs sont libérés. S'il est fait pour un endosseur, les endosseurs subséquents sont libérés. — S'il y a concurrence pour le payement d'une lettre de change par intervention, celui qui opère le plus de libérations est préféré. Si celui sur qui la lettre était originairement tirée, et sur qui a été fait le protêt faute d'acceptation, se présente pour la payer, il sera préféré à tous autres.

§ 11. — Des droits et devoirs du porteur.

160. Le porteur d'une lettre de change tirée du continent et des îles de l'Europe, et payable dans les possessions européennes de la France, soit à vue, soit à un ou plusieurs jours, mois ou usances de vue, doit en exiger le payement ou l'acceptation dans les six mois de sa date, sous peine de perdre son recours sur les endosseurs, et même sur le tireur, si celui-ci a fait provision. — Le délai est de huit mois pour les lettres de change tirées des Echelles du Levant et des côtes septentrionales de l'Afrique sur les possessions européennes de la France ; et réciproquement, du continent et des îles de l'Europe sur les établissements français aux Echelles du Levant et aux côtes septentrionales de l'Afrique. — Le délai est d'un an pour les lettres de change tirées des côtes occidentales de l'Afrique, jusques et compris le cap de Bonne-Espérance. — Il est aussi d'un an pour les lettres de change tirées

ARRÊTS ET JURISPRUDENCE DE LA COUR DE CASSATION.	ARRÊTS ET JURISPRUDENCE DE LA COUR IMPÉRIALE DU RESSORT.

JUGEMENTS ET JURISPRUDENCE DU TRIBUNAL CIVIL DU RESSORT.

OBSERVATIONS DIVERSES.

du continent et des îles des Indes occidentales sur les possessions européennes de la France; et réciproquement, du continent et des îles de l'Europe sur les possessions françaises ou établissements français aux côtes occidentales de l'Afrique, au continent et aux îles des Indes occidentales. — Le délai est de deux ans pour les lettres de change tirées du continent et des îles des Indes orientales sur les possessions européennes de la France; et réciproquement, du continent et des îles de l'Europe sur les possessions françaises ou établissements français au continent et aux îles des Indes orientales. — « La même déchéance aura lieu contre le porteur d'une lettre de change à vue, à un ou plusieurs jours, mois ou usances de vue, tirée de la France, des possessions ou établissements français, et payable dans les pays étrangers, qui n'en exigera pas le payement ou l'acceptation dans les délais ci-dessus prescrits pour chacune des distances respectives. » — Les délais ci-dessus, de huit mois, d'un an ou de deux ans, sont doublés en temps de guerre maritime. — « Les dispositions ci-dessus ne préjudicieront néanmoins pas aux stipulations contraires qui pourraient intervenir entre le preneur, le tireur et même les endosseurs. »

161. Le porteur d'une lettre de change doit en exiger le payement le jour de son échéance.

162. Le refus de payement doit être constaté, le lendemain du jour de l'échéance, par un acte que l'on nomme *protêt faute de payement*. — Si ce jour est un jour férié légal, le protêt est fait le jour suivant.

163. Le porteur n'est dispensé du protêt faute de payement, ni par le protêt faute d'acceptation, ni par la mort ou faillite de celui sur qui la lettre de change est tirée. — Dans le cas de faillite de l'accepteur avant l'échéance, le porteur peut faire protester, et exercer son recours.

164. Le porteur d'une lettre de change protestée faute de payement peut exercer son action en garantie, — Ou individuellement contre le tireur et chacun des endosseurs: — Ou collectivement contre les endosseurs et le tireur. — La même faculté existe pour chacun des endosseurs, à l'égard du tireur et des endosseurs qui le précèdent.

165. Si le porteur exerce le recours individuellement contre son cédant, il doit lui faire notifier le protêt, et, à défaut de remboursement le faire citer en jugement dans les quinze jours qui suivent la date du protêt, si celui-ci réside dans la distance de cinq myriamètres. — Ce délai, à l'égard du cédant domicilié à plus de cinq myriamètres de l'endroit où la lettre de change était payable, sera augmenté d'un jour par deux myriamètres et demi excédant les cinq myriamètres.

166. Les lettres de change tirées de France et payables hors du territoire continental de la France, en Europe, étant protestées, les tireurs et endosseurs résidant en France seront poursuivis dans les délais ci-après : — De deux mois pour celles qui étaient payables en Corse, dans l'île d'Elbe ou de Capraja, en Angleterre et dans les Etats limitrophes de la France ; — De quatre mois pour celles qui étaient payables dans les autres Etats de l'Europe; — De six mois pour celles qui étaient payables aux Echelles du Levant et sur les côtes septentrionales de l'Afrique; — D'un an pour celles qui étaient payables aux côtes occidentales de l'Afrique jusques et compris le cap de Bonne-Espérance, et dans les Indes occidentales ; — De deux ans pour celles qui étaient payables dans les Indes orientales.— Ces délais seront observés dans les mêmes proportions pour le recours à exercer contre les tireurs et endosseurs résidant dans les possessions françaises situées hors d'Europe. — Les délais ci-dessus, de six mois, d'un an et de deux ans, seront doublés en temps de guerre maritime.

167. Si le porteur exerce son recours collectivement contre les endosseurs et le tireur, il jouit, à l'égard de chacun d'eux, du délai déterminé par les articles précédents. — Chacun des endosseurs a le droit d'exercer le même recours, ou individuellement, ou collectivement, dans le même délai. — A leur égard, le délai court du lendemain de la date de la citation en justice.

168. Après l'expiration des délais ci-dessus, — Pour la présentation de la lettre de change à vue, ou à un ou plusieurs jours ou mois ou usances de vue, — Pour le protêt faute de payement, — Pour l'exercice de l'action en garantie, — Le porteur de la lettre de change est déchu de tous droits contre les endosseurs.

169. Les endosseurs sont également déchus de toute action en garantie contre leurs cédants, après les délais ci-dessus prescrits, chacun en ce qui le concerne.

170. La même déchéance a lieu contre le porteur et les endosseurs, à l'égard du tireur lui-même, si ce dernier justifie qu'il y avait provision à l'échéance de la lettre de change. — Le porteur, en ce cas, ne conserve d'action que contre celui sur qui la lettre était tirée.

171. Les effets de la déchéance prononcée par les trois articles précédents cessent en faveur du porteur, contre le tireur, ou contre celui des endosseurs qui, après l'expiration des délais fixés pour le protêt, la notification du protêt ou la citation en jugement, a reçu, par compte, compensation ou autrement, les fonds destinés au payement de la lettre de change.

172. Indépendamment des formalités prescrites pour l'exercice de l'action en garantie, le porteur d'une lettre de change protestée faute de payement peut, en obtenant la permission du juge, saisir conservatoirement les effets mobiliers des tireurs, accepteurs et endosseurs.

§ 12. — Des protêts.

173. Les protêts faute d'acceptation ou de payement sont faits par deux notaires, ou par un notaire et deux témoins, ou par un huissier et deux témoins. — Le protêt doit être fait, — Au domicile de celui sur qui la lettre de change était payable, ou à son dernier domicile connu; — Au domicile des personnes indiquées par la lettre de change pour la payer au besoin; — Au domicile du tiers qui a accepté par intervention; — Le tout par un seul et même acte. — En cas de fausse indication de domicile, le protêt est précédé d'un acte de perquisition.

174. L'acte de protêt contient, — La transcription littérale de la lettre de change, de l'acceptation, des endossements, et des recommandations qui y sont indiquées, — La sommation de payer le montant de la lettre de change. — Il énonce — La présence ou l'absence de celui qui doit payer. — Les motifs du refus de payer et l'impuissance ou le refus de signer.

175. Nul acte, de la part du porteur de la lettre de change, ne peut suppléer l'acte de protêt, hors le cas prévu par les articles 150 et suivants, touchant la perte de la lettre de change.

176. Les notaires et les huissiers sont tenus,

ARRÊTS ET JURISPRUDENCE DE LA COUR DE CASSATION.	ARRÊTS ET JURISPRUDENCE DE LA COUR IMPÉRIALE DU RESSORT.

JUGEMENTS ET JURISPRUDENCE DU TRIBUNAL CIVIL DU RESSORT.

OBSERVATIONS DIVERSES.

à peine de destitution, dépens, dommages-intérêts envers les parties, de laisser copie exacte des protêts, et de les inscrire en entier, jour par jour et par ordre de dates, dans un registre particulier, coté, parafé et tenu dans les formes prescrites pour les répertoires.

§ 13. — Du rechange.

177. Le rechange s'effectue par une retraite.

178. La retraite est une nouvelle lettre de change, au moyen de laquelle le porteur se rembourse, sur le tireur, ou sur l'un des endosseurs, du principal de la lettre protestée, de ses frais et du nouveau change qu'il paye.

179. Le rechange se règle, à l'égard du tireur, par le cours du change du lieu où la lettre de change était payable, sur le lieu d'où elle a été tirée. — Il se règle, à l'égard des endosseurs, par le cours du change du lieu où la lettre de change a été remise ou négociée par eux, sur le lieu où le remboursement s'effectue.

180. La retraite est accompagnée d'un compte de retour.

181. Le compte de retour comprend : — Le principal de la lettre de change protestée, — Les frais de protêt et autres frais légitimes, tels que commission de banque, courtage, timbre et ports de lettres. — Il énonce le nom de celui sur qui la retraite est faite, et le prix du change auquel elle est négociée. — Il est certifié par un agent de change. — Dans les lieux où il n'y a pas d'agent de change, il est certifié par deux commerçants. — Il est accompagné de la lettre de change protestée, du protêt, ou d'une expédition de l'acte de protêt. — Dans le cas où la retraite est faite sur l'un des endosseurs, elle est accompagnée, en outre, d'un certificat qui constate le cours du change du lieu où la lettre de change était payable, sur le lieu d'où elle a été tirée.

182. Il ne peut être fait plusieurs comptes de retour sur une même lettre de change. — Ce compte de retour est remboursé d'endosseur à endosseur respectivement, et définitivement par le tireur.

183. Les rechanges ne peuvent être cumulés. Chaque endosseur n'en supporte qu'un seul, ainsi que le tireur.

184. L'intérêt du principal de la lettre de change protestée faute de payement est dû à compter du jour du protêt.

185. L'intérêt des frais de protêt, rechange, et autres frais légitimes, n'est dû qu'à compter du jour de la demande en justice.

186. Il n'est point dû de rechange, si le compte de retour n'est pas accompagné des certificats d'agents de change ou de commerçants, prescrits par l'article 181.

187. Toutes les dispositions relatives aux lettres de change, et concernant, — l'échéance; — l'endossement; — la solidarité; — le payement; — le payement par intervention; — le protêt; — les devoirs et droits du porteur; — le rechange ou les intérêts, — sont applicables aux billets à ordre, sans préjudice des dispositions relatives aux cas prévus par les articles 636, 637 et 638.

188. Le billet à ordre est daté. — Il énonce : — La somme à payer, — Le nom de celui à l'ordre de qui il est souscrit, — L'époque à laquelle le payement doit s'effectuer, — La valeur qui a été fournie en espèces, en marchandises, en compte, ou de toute autre manière.

189. Toutes actions relatives aux lettres de change, et à ceux des billets à ordre souscrits par des négociants, marchands ou banquiers, ou pour faits de commerce, se prescrivent par cinq ans, à compter du jour du protêt, ou de la dernière poursuite juridique, s'il n'y a eu condamnation, ou si la dette n'a été reconnue par acte séparé. — Néanmoins les prétendus débiteurs seront tenus, s'ils en sont requis, d'affirmer, sous serment, qu'ils ne sont plus redevables; et leurs veuves, héritiers ou ayants cause, qu'ils estiment de bonne foi qu'il n'est plus rien dû.

EXTRAITS DES CODES ANNOTÉS DE SIREY ET AUTRES AUTEURS.

ARRÊTS ET JURISPRUDENCE DE LA COUR DE CASSATION.	ARRÊTS ET JURISPRUDENCE DE LA COUR IMPÉRIALE DU RESSORT.

JUGEMENTS ET JURISPRUDENCE DU TRIBUNAL CIVIL DU RESSORT.

OBSERVATIONS DIVERSES.

LIVRE DEUXIÈME.

Du commerce maritime.

Titre I. — VIII. — IX. — X. — XI. — XIV, — Lois décrétées le 15 septembre 1807, promulguées le 25.)

TITRE PREMIER.

DES NAVIRES ET AUTRES BATIMENTS DE MER.

190. Les navires et autres bâtiments de mer sont meubles. — Néanmoins, ils sont affectés aux dettes du vendeur, et spécialement à celles que la loi déclare privilégiées.

191. Sont privilégiées, et dans l'ordre où elles sont rangées, les dettes ci-après désignées : — 1° Les frais de justice et autres, faits pour parvenir à la vente et à la distribution du prix ; — 2° Les droits de pilotage, tonnage, cale, amarrage et bassin ou avant-bassin ; — 3° Les gages du gardien, et frais de garde du bâtiment depuis son entrée dans le port jusqu'à la vente ; — 4° Le loyer des magasins où se trouvent déposés les agrès et les apparaux ; — 5° Les frais d'entretien du bâtiment et de ses agrès et apparaux, depuis son dernier voyage et son entrée dans le port ; — 6° Les gages et loyers du capitaine et autres gens de l'équipage employés au dernier voyage ; — 7° Les sommes prêtées au capitaine pour les besoins du bâtiment pendant le dernier voyage, et le remboursement du prix des marchandises par lui vendues pour le même objet ; — 8° Les sommes dues au vendeur, aux fournisseurs et ouvriers employés à la construction, si le navire n'a point encore fait de voyage, et les sommes dues aux créanciers pour fournitures, travaux, main-d'œuvre, pour radoub, victuailles, armement et équipement, avant le départ du navire, s'il a déjà navigué ; — 9° Les sommes prêtées à la grosse sur le corps, quille, agrès, apparaux pour victuailles, armement, équipement, avant le départ du navire, — 10° Le montant des primes d'assurances faites sur le corps, quille,

agrès, apparaux, et sur armement et équipement du navire, dues pour le dernier voyage : — 11° Les dommages-intérêts dus aux affréteurs, pour le défaut de délivrance des marchandises qu'ils ont chargées, ou pour remboursement des avaries souffertes par lesdites marchandises par la faute du capitaine ou de l'équipage. — Les créanciers compris dans chacun des numéros du présent article viendront en concurrence, et au marc le franc, en cas d'insuffisance du prix.

192. Le privilége accordé aux dettes énoncées dans le précédent article ne peut être exercé qu'autant qu'elles seront justifiées dans les formes suivantes : — 1° Les frais de justice seront constatés par les états de frais arrêtés par les tribunaux compétents : — 2° Les droits de tonnage et autres, par les quittances légales des receveurs ; — 3° Les dettes désignées par les numéros 1, 3, 4 et 5 de l'article 191 seront constatées par des états arrêtés par le président du tribunal de commerce ; — 4° Les gages et loyers de l'équipage, par les rôles d'armement et désarmement arrêtés dans les bureaux de l'inscription maritime ; — 5° Les sommes prêtées et la valeur des marchandises vendues pour les besoins du navire pendant le dernier voyage, par des états arrêtés par le capitaine, appuyés de procès-verbaux signés par le capitaine et les principaux de l'équipage, constatant la nécessité des emprunts ; — 6° La vente du navire par un acte ayant date certaine, et les fournitures pour l'armement, équipement et victuailles du navire, seront constatées par les mémoires, factures ou états visés par le capitaine et arrêtés par l'armateur, dont un double sera déposé au greffe du tribunal de commerce avant le départ du navire, ou, au plus tard, dans les dix jours après son départ ; — 7° Les sommes prêtées à la grosse sur le corps, quille, agrès, apparaux, armement, équipement, avant le départ du navire, seront consta-

tées par des contrats passés devant notaires, ou sous signature privée, dont les expéditions ou doubles seront déposés au greffe du tribunal de commerce dans les dix jours de leur date ; — 8° Les primes d'assurances seront constatées par les polices ou par les extraits des livres des courtiers d'assurances ; — 9° Les dommages-intérêts dus aux affréteurs seront constatés par les jugements, ou par les décisions arbitrales qui seront intervenues.

193. Les priviléges des créanciers seront éteints, — Indépendamment des moyens généraux d'extinction des obligations, — Par la vente en justice faite dans les formes établies par le titre suivant ; — Ou, lorsqu'après une vente volontaire, le navire aura fait un voyage en mer sous le nom et aux risques de l'acquéreur, et sans opposition de la part des créanciers du vendeur.

194. Un navire est censé avoir fait un voyage en mer, — Lorsque son départ et son arrivée auront été constatés dans deux ports différents et trente jours après le départ ; — Lorsque, sans être arrivé dans un autre port, il s'est écoulé plus de soixante jours entre le départ et le retour dans le même port, ou lorsque le navire, parti pour un voyage de long cours, a été plus de soixante jours en voyage, sans réclamation de la part des créanciers du vendeur.

195. La vente volontaire d'un navire doit être faite par écrit, et peut avoir lieu par acte public, ou par acte sous signature privée. — Elle peut être faite pour le navire entier, ou pour une portion du navire, — Le navire étant dans le port ou en voyage.

196. La vente volontaire d'un navire en voyage ne préjudicie pas aux créanciers du vendeur. — En conséquence, nonobstant la vente, le navire ou son prix continue d'être le gage

ARRÊTS ET JURISPRUDENCE DE LA COUR DE CASSATION.	ARRÊTS ET JURISPRUDENCE DE LA COUR IMPÉRIALE DU RESSORT.

JUGEMENTS ET JURISPRUDENCE DU TRIBUNAL CIVIL DU RESSORT.

OBSERVATIONS DIVERSES.

desdits créanciers, qui peuvent même, s'ils le jugent convenable, attaquer la vente pour cause de fraude.

TITRE DEUXIÈME.

DE LA SAISIE ET VENTE DES NAVIRES.

197. Tous bâtiments de mer peuvent être saisis et vendus par autorité de justice, et le privilège des créanciers sera purgé par les formalités suivantes.

198. Il ne pourra être procédé à la saisie que vingt-quatre heures après le commandement de payer.

199. Le commandement devra être fait à la personne du propriétaire ou à son domicile, s'il s'agit d'une action générale à exercer contre lui. Le commandement pourra être fait au capitaine du navire, si la créance est du nombre de celles qui sont susceptibles de privilège sur le navire, aux termes de l'article 191.

200. L'huissier énonce, dans le procès-verbal, — Les nom, profession et demeure du créancier pour qui il agit; — Le titre en vertu duquel il procède; — La somme dont il poursuit le payement; — L'élection de domicile faite par le créancier dans le lieu où siège le tribunal devant lequel la vente doit être poursuivie, et dans le lieu où le navire saisi est amarré; — Les noms du propriétaire et du capitaine; — Le nom, l'espèce et le tonnage du bâtiment. — Il fait l'énonciation et la description des chaloupes, canots, agrès, ustensiles, armes, munitions et provisions. — Il établit un gardien.

201. Si le propriétaire du navire saisi demeure dans l'arrondissement du tribunal, le saisissant doit lui faire notifier, dans le délai de trois jours, copie du procès-verbal de saisie, et le faire citer devant le tribunal, pour voir procéder à la vente des choses saisies. — Si le propriétaire n'est point domicilié dans l'arrondissement du tribunal, les significations et citations lui sont données à la personne du capitaine du bâtiment saisi, ou, en son absence, à celui qui représente le propriétaire ou le capitaine : et le délai de trois jours est augmenté d'un jour à raison de deux myriamètres et demi (cinq lieues) de la distance de son domicile. —

S'il est étranger et hors de France, les citations et significations sont données ainsi qu'il est prescrit par le Code de procédure civile, article 69.

202. Si la saisie a pour objet un bâtiment dont le tonnage soit au-dessus de dix tonneaux, — Il sera fait trois criées et publications des objets en vente. — Les criées et publications seront faites consécutivement, de huitaine en huitaine, à la bourse et dans la principale place publique du lieu où le bâtiment est amarré. — L'avis en sera inséré dans un des papiers publics imprimés dans le lieu où siège le tribunal devant lequel la saisie se poursuit; et, s'il n'y en a pas, dans l'un de ceux qui seraient imprimés dans le département.

203. Dans les deux jours qui suivent chaque criée et publication, il est apposé des affiches. — Au grand mât du bâtiment saisi. — A la porte principale du tribunal devant lequel on procède. — Dans la place publique et sur le quai du port où le bâtiment est amarré, ainsi qu'à la bourse de commerce.

204. Les criées, publications et affiches doivent désigner, — Les nom, profession et demeure du poursuivant, — Les titres en vertu desquels il agit, — Le montant de la somme qui lui est due, — L'élection de domicile par lui faite dans le lieu où siège le tribunal, et dans le lieu où le bâtiment est amarré, — Les nom et domicile du propriétaire du navire saisi, — Le nom du bâtiment, et, s'il est armé ou en armement, celui du capitaine. — Le tonnage du navire, — Le lieu où il est gisant ou flottant, — Le nom de l'avoué du poursuivant, — La première mise à prix, — Les jours des audiences auxquelles les enchères seront reçues.

205. Après la première criée, les enchères seront reçues le jour indiqué par l'affiche. — Le juge commis d'office pour la vente continue de recevoir les enchères après chaque criée, de huitaine en huitaine, à jour certain fixé par son ordonnance.

206. Après la troisième criée, l'adjudication est faite au plus offrant et dernier enchérisseur, à l'extinction des feux, sans autre formalité. — Le juge commis d'office peut accorder une ou deux remises, de huitaine chacune. — Elles sont publiées et affichées.

207. Si la saisie porte sur des barques, chaloupes et autres bâtiments, du port de dix tonneaux et au-dessous, l'adjudication sera faite à l'audience, après la publication sur le quai pendant trois jours consécutifs, avec affiche au mât, ou, à défaut, en autre lieu apparent du bâtiment, et à la porte du tribunal. — Il sera observé un délai de huit jours francs entre la signification de la saisie et la vente.

208. L'adjudication du navire fait cesser les fonctions du capitaine, sauf à lui à se pourvoir en dédommagement contre qui de droit.

209. Les adjudicataires des navires de tout tonnage seront tenus de payer le prix de leur adjudication dans le délai de vingt-quatre heures, ou de le consigner, sans frais, au greffe du tribunal de commerce, à peine d'y être contraints par corps. A défaut de payement ou de consignation, le bâtiment sera remis en vente, et adjugé trois jours après une nouvelle publication et affiche unique, à la folle enchère des adjudicataires, qui seront également contraints par corps pour le payement du déficit, des dommages, des intérêts et des frais.

210. Les demandes en distraction seront formées et notifiées au greffe du tribunal avant l'adjudication. — Si les demandes en distraction ne sont formées qu'après l'adjudication, elles seront converties, de plein droit, en oppositions à la délivrance des sommes provenant de la vente.

211. Le demandeur ou l'opposant aura trois jours pour fournir ses moyens. — Le demandeur aura trois jours pour contredire. — La cause sera portée à l'audience sur une simple citation. Pr. 82.

212. Pendant trois jours après celui de l'adjudication, les oppositions à la délivrance du prix seront reçues; passé ce temps, elle ne seront plus admises.

213. Les créanciers opposants seront tenus de produire au greffe leurs titres de créance, dans les trois jours qui suivent la sommation qui leur en est faite par le créancier poursuivant ou par le tiers saisi; faute de quoi il sera procédé à la distribution du prix de la vente, sans qu'ils y soient compris.

214. La collocation des créanciers et la distribution des deniers sont faites entre les créanciers privilégiés, dans l'ordre prescrit par l'ar-

ARRÊTS ET JURISPRUDENCE DE LA COUR DE CASSATION.	ARRÊTS ET JURISPRUDENCE DE LA COUR IMPÉRIALE DU RESSORT.

JUGEMENTS ET JURISPRUDENCE DU TRIBUNAL CIVIL DU RESSORT.

OBSERVATIONS DIVERSES.

ticle 191 : et entre les autres créanciers, au marc le franc de leurs créances. — Tout créancier colloqué l'est tant pour son principal que pour les intérêts et frais.

215. Le bâtiment prêt à faire voile n'est pas saisissable, si ce n'est à raison de dettes contractées pour le voyage qu'il va faire ; et même, dans ce dernier cas, le cautionnement de ces dettes empêche la saisie. — Le bâtiment est censé prêt à faire voile lorsque le capitaine est muni de ses expéditions pour son voyage.

TITRE TROISIÈME.

DES PROPRIÉTAIRES DE NAVIRES.

216. — « Tout propriétaire de navire est civilement responsable des faits du capitaine, et tenu des engagements contractés par ce dernier, pour ce qui est relatif au navire et à l'expédition. — Il peut, dans tous les cas, s'affranchir des obligations ci-dessus par l'abandon du navire et du fret. — Toutefois la faculté de faire abandon n'est point accordée à celui qui est en même temps capitaine et propriétaire ou copropriétaire du navire. Lorsque le capitaine ne sera que copropriétaire, il ne sera responsable des engagements contractés par lui, pour ce qui est relatif au navire et à l'expédition, que dans la proportion de son intérêt. »

217. Les propriétaires des navires équipés en guerre ne seront toutefois responsables des délits et déprédations commis en mer par les gens de guerre qui sont sur leurs navires, ou par les équipages, que jusqu'à concurrence de la somme pour laquelle ils auront donné caution, à moins qu'ils n'en soient participants ou complices.

218. Le propriétaire peut congédier le capitaine. — Il n'y a pas lieu à indemnité, s'il n'y a convention par écrit.

219. Si le capitaine congédié est copropriétaire du navire, il peut renoncer à la copropriété, et exiger le remboursement du capital qui la représente. — Le montant de ce capital est déterminé par des experts convenus, ou nommés d'office.

220 En tout ce qui concerne l'intérêt commun des propriétaires d'un navire, l'avis de la majorité est suivi. — La majorité se détermine par une portion d'intérêt dans le navire, excédant la moitié de sa valeur. — La licitation du navire ne peut être accordée que sur la demande des propriétaires, formant ensemble la moitié de l'intérêt total dans le navire, s'il n'y a, par écrit, convention contraire.

TITRE QUATRIÈME.

DU CAPITAINE.

221. Tout capitaine, maître ou patron, chargé de la conduite d'un navire ou autre bâtiment, est garant de ses fautes, même légères, dans l'exercice de ses fonctions.

222. Il est responsable des marchandises dont il se charge. — Il en fournit une reconnaissance. — Cette reconnaissance se nomme *connaissement*.

223. Il appartient au capitaine de former l'équipage du vaisseau, et de choisir et louer les matelots et autres gens de l'équipage ; ce qu'il fera néanmoins de concert avec les propriétaires, lorsqu'il sera dans le lieu de leur demeure.

224. Le capitaine tient un registre coté et parafé par l'un des juges du tribunal de commerce, ou par le maire ou son adjoint, dans les lieux où il n'y a pas de tribunal de commerce. — Ce registre contient, — Les résolutions prises pendant le voyage, — La recette et la dépense concernant le navire, et généralement tout ce qui concerne le fait de sa charge, et tout ce qui peut donner lieu à un compte à rendre, à une demande à former.

225. Le capitaine est tenu, avant de prendre charge, de faire visiter son navire, aux termes et dans les formes prescrits par les règlements. — Le procès-verbal de visite est déposé au greffe du tribunal de commerce ; il en est délivré extrait au capitaine.

226. Le capitaine est tenu d'avoir à bord : — L'acte de propriété du navire, — L'acte de francisation, — Le rôle d'équipage ; — Les connaissements et chartes-parties, — Les procès-verbaux de visites, — Les acquits de payement ou à caution des douanes.

227. Le capitaine est tenu d'être en personne dans son navire à l'entrée et à la sortie des ports, havres ou rivières.

228. En cas de contravention aux obligations imposées par les quatre articles précédents, le capitaine est responsable de tous les événements envers les intéressés au navire et au chargement.

229. Le capitaine répond également de tout dommage qui peut arriver aux marchandises qu'il aurait chargées sur le tillac de son vaisseau sans le consentement par écrit du chargeur. — Cette disposition n'est point applicable au petit cabotage.

230. La responsabilité du capitaine ne cesse que par la preuve d'obstacles de force majeure.

231. Le capitaine et les gens de l'équipage qui sont à bord, ou qui, sur les chaloupes, se rendent à bord pour faire voile, ne peuvent être arrêtés pour dettes civiles, si ce n'est à raison de celles qu'ils auront contractées pour le voyage ; et même, dans ce dernier cas, ils ne peuvent être arrêtés s'ils donnent caution.

232. Le capitaine, dans le lieu de la demeure des propriétaires ou de leurs fondés de pouvoirs, ne peut, sans leur autorisation spéciale, faire travailler au radoub du bâtiment, acheter des voiles, cordages et autres choses pour le bâtiment, prendre à cet effet de l'argent sur le corps du navire, ni fréter le navire.

233. Si le bâtiment était frété du consentement des propriétaires, et que quelques-uns d'eux fissent refus de contribuer aux frais nécessaires pour l'expédier, le capitaine pourra, en ce cas, vingt-quatre heures après sommation faite aux refusants de fournir leur contingent, emprunter à la grosse pour leur compte sur leur portion d'intérêt dans le navire, avec autorisation du juge.

234. Si, pendant le cours du voyage, il y a nécessité de radoub, ou d'achat de victuailles, le capitaine, après l'avoir constaté par un procès-verbal signé des principaux de l'équipage, pourra, en se faisant autoriser en France par le tribunal de commerce, ou, à défaut, par le juge de paix ; chez l'étranger, par le consul français, ou, à défaut, par le magistrat des lieux, emprunter sur le corps et quille du vaisseau, mettre en gage ou vendre des marchandises jusqu'à concurrence de la somme que les besoins constatés exigent. — Les propriétaires, ou le capitaine qui les représente, tiendront compte des marchandises vendues, d'après le cours des mar-

ARRÊTS ET JURISPRUDENCE DE LA COUR DE CASSATION.	ARRÊTS ET JURISPRUDENCE DE LA COUR IMPÉRIALE DU RESSORT.

JUGEMENTS ET JURISPRUDENCE DU TRIBUNAL CIVIL DU RESSORT.

OBSERVATIONS DIVERSES.

chandises de mêmes nature et qualité dans le lieu de la décharge du navire, à l'époque de son arrivée. — « L'affréteur unique ou les chargeurs divers, qui seront tous d'accord, pourront s'opposer à la vente ou à la mise en gage de leurs marchandises, en les déchargeant et en payant le fret en proportion de ce que le voyage est avancé. A défaut du consentement d'une partie des chargeurs, celui qui voudra user de la faculté de déchargement sera tenu du fret entier sur ses marchandises.

235. Le capitaine, avant son départ d'un port étranger ou des colonies françaises pour revenir en France, sera tenu d'envoyer à ses propriétaires ou à leurs fondés de pouvoir un compte signé de lui, contenant l'état de son chargement, le prix des marchandises de sa cargaison, les sommes par lui empruntées, les noms et demeures des prêteurs.

236. Le capitaine qui aura sans nécessité pris de l'argent sur le corps, avitaillement ou équipement du navire, engagé ou vendu des marchandises ou des victuailles, ou qui aura employé dans ses comptes des avaries et des dépenses supposées, sera responsable envers l'armement, et personnellement tenu du remboursement de l'argent ou du payement des objets, sans préjudice de la poursuite criminelle, s'il y a lieu.

237. Hors le cas d'innavigabilité légalement constatée, le capitaine ne peut, à peine de nullité de la vente, vendre le navire sans un pouvoir spécial des propriétaires.

238. Tout capitaine de navire, engagé pour un voyage, est tenu de l'achever, à peine de tous dépens, dommages et intérêts envers les propriétaires et les affréteurs.

239. Le capitaine qui navigue à profit commun sur le chargement ne peut faire aucun trafic ni commerce pour son compte particulier, s'il n'y a convention contraire.

240. En cas de contravention aux dispositions mentionnées dans l'article précédent, les marchandises embarquées par le capitaine pour son compte particulier sont confisquées au profit des autres intéressés.

241. Le capitaine ne peut abandonner son navire pendant le voyage, pour quelque danger que ce soit, sans l'avis des officiers et principaux de l'équipage; et, en ce cas, il est tenu de sauver avec lui l'argent et ce qu'il pourra des marchandises les plus précieuses de son chargement, sous peine d'en répondre en son propre nom. Si les objets, ainsi tirés du navire, sont perdus par quelque cas fortuit, le capitaine en demeurera déchargé.

242. Le capitaine est tenu, dans les vingt-quatre heures de son arrivée, de faire viser son registre et de faire son rapport — Le rapport doit énoncer : — Le lieu et le temps de son départ, — La route qu'il a tenue, — Les hasards qu'il a courus, — Les désordres arrivés dans le navire, et toutes les circonstances remarquables de son voyage.

243. Le rapport est fait au greffe devant le président du tribunal de commerce. — Dans les lieux où il n'y a pas de tribunal de commerce, le rapport est fait au juge de paix de l'arrondissement. — Le juge de paix qui a reçu le rapport est tenu de l'envoyer, sans délai, au président du tribunal de commerce le plus voisin. — Dans l'un et l'autre cas, le dépôt en est fait au greffe du tribunal de commerce.

244. Si le capitaine aborde dans un port étranger, il est tenu de se présenter au consul de France, de lui faire un rapport, et de prendre un certificat constatant l'époque de son arrivée et de son départ, l'état et la nature de son chargement.

245. Si, pendant le cours du voyage, le capitaine est obligé de relâcher dans un port français, il est tenu de déclarer au président du tribunal de commerce du lieu les causes de sa relâche. — Dans les lieux où il n'y a pas de tribunal de commerce, la déclaration est faite au juge de paix du canton. — Si la relâche forcée a lieu dans un port étranger, la déclaration est faite au consul de France, ou, à son défaut, au magistrat du lieu.

246. Le capitaine qui a fait naufrage, et qui s'est sauvé seul ou avec partie de son équipage, est tenu de se présenter devant le juge du lieu, ou, à défaut de juge, devant toute autre autorité civile, d'y faire son rapport, de le faire vérifier par ceux de son équipage qui se seraient sauvés et se trouveraient avec lui et d'en lever expédition.

247. Pour vérifier le rapport du capitaine, le juge reçoit l'interrogatoire des gens de l'équipage, et, s'il est possible, des passagers, sans préjudice des autres preuves. — Les rapports non vérifiés ne sont point admis à la décharge du capitaine, et ne font point foi en justice, excepté dans le cas où le capitaine naufragé s'est sauvé seul dans le lieu où il a fait son rapport. — La preuve des faits contraires est réservée aux parties.

248. Hors les cas de péril imminent, le capitaine ne peut décharger aucune marchandise avant d'avoir fait son rapport, à peine de poursuites extraordinaires contre lui.

249. Si les victuailles du bâtiment manquent pendant le voyage, le capitaine, en prenant l'avis des principaux de l'équipage, pourra contraindre ceux qui auront des vivres en particulier de les mettre en commun, à la charge de leur en payer la valeur.

TITRE CINQUIÈME.

DE L'ENGAGEMENT ET DES LOYERS DES MATELOTS ET GENS DE L'ÉQUIPAGE.

250. Les conditions d'engagement du capitaine et des hommes d'équipage d'un navire sont constatées par le rôle d'équipage, ou par les conventions des parties.

251. Le capitaine et les gens de l'équipage ne peuvent, sous aucun prétexte, charger dans le navire aucune marchandise pour leur compte, sans la permission des propriétaires et sans en payer le fret s'ils n'y sont autorisés par l'engagement.

252. Si le voyage est rompu par le fait des propriétaires, capitaine ou affréteurs, avant le départ du navire, les matelots loués au voyage ou au mois sont payés des journées par eux employées à l'équipement du navire. Ils retiennent pour indemnité les avances reçues. — Si les avances ne sont pas encore payées, ils reçoivent pour indemnité un mois de leurs gages convenus. —Si la rupture arrive après le voyage commencé, les matelots loués au voyage sont payés en entier aux termes de leur convention. — Les matelots loués au mois reçoivent leurs loyers stipulés pour le temps qu'ils ont servi, et en outre, pour indemnité, la moitié de leurs gages pour le reste de la durée présumée du voyage pour lequel ils étaient engagés. — Les matelots loués au voyage ou au mois reçoivent, en outre, leur conduite de retour jusqu'au lieu du départ du navire, à moins

<hr>

ARRÊTS ET JURISPRUDENCE DE LA COUR DE CASSATION.	ARRÊTS ET JURISPRUDENCE DE LA COUR IMPÉRIALE DU RESSORT.

JUGEMENTS ET JURISPRUDENCE DU TRIBUNAL CIVIL DU RESSORT.

OBSERVATIONS DIVERSES.

que le capitaine, les propriétaires ou affréteurs, ou l'officier d'administration, ne leur procurent leur embarquement sur un autre navire revenant audit lieu de leur départ.

253. S'il y a interdiction de commerce avec le lieu de la destination du navire, ou si le navire est arrêté par ordre du gouvernement avant le voyage commencé, — il n'est dû aux matelots que les journées employées à équiper le bâtiment.

254. Si l'interdiction de commerce ou l'arrêt du navire arrive pendant le cours du voyage, — Dans le cas d'interdiction, les matelots sont payés à proportion du temps qu'ils auront servi : — Dans le cas de l'arrêt, le loyer des matelots engagés au mois court pour moitié pendant le temps de l'arrêt ; — Le loyer des matelots engagés au voyage est payé aux termes de leur engagement.

255. Si le voyage est prolongé, le prix des loyers des matelots engagés au voyage est augmenté à proportion de la prolongation.

256. Si la décharge du navire se fait volontairement dans un lieu plus rapproché que celui qui est désigné par l'affrétement, il ne leur est fait aucune diminution.

257. Si les matelots sont engagés au profit ou au fret, il ne leur est dû aucun dédommagement ni journées pour la rupture, le retardement ou la prolongation de voyage occasionnés par force majeure. Si la rupture, le retardement ou la prolongation arrivent par le fait des chargeurs, les gens de l'équipage ont part aux indemnités qui sont adjugées au navire. — Ces indemnités sont partagées entre les propriétaires du navire et les gens de l'équipage, dans la même proportion que l'aurait été le fret. — Si l'empêchement arrive par le fait du capitaine ou des propriétaires, ils sont tenus des indemnités dues aux gens de l'équipage.

258. En cas de prise, de bris et naufrage, avec perte entière du navire et des marchandises, les matelots ne peuvent prétendre aucun loyer. — Ils ne sont point tenus de restituer ce qui leur a été avancé sur leurs loyers.

259. Si quelque partie du navire est sauvée, les matelots engagés au voyage ou au mois sont payés de leurs loyers échus sur les débris du navire qu'ils ont sauvés. — Si les débris ne suffisent pas, ou s'il n'y a que des marchandises sauvées, ils sont payés de leurs loyers subsidiairement sur le fret.

260. Les matelots engagés au fret sont payés de leurs loyers seulement sur le fret, à proportion de celui que reçoit le capitaine.

261. De quelque manière que les matelots soient loués, ils sont payés des journées par eux employées à sauver les débris et les effets naufragés.

262. Le matelot est payé de ses loyers, traité et pansé aux dépens du navire, s'il tombe malade pendant le voyage, ou s'il est blessé au service du navire.

263. Le matelot est traité et pansé aux dépens du navire et du chargement, s'il est blessé en combattant contre les ennemis et les pirates.

264. Si le matelot, sorti du navire sans autorisation, est blessé à terre, les frais de ses pansement et traitement sont à sa charge : il pourra même être congédié par le capitaine. — Ses loyers, en ce cas, ne lui seront payés qu'à proportion du temps qu'il aura servi.

265. En cas de mort d'un matelot pendant le voyage, si le matelot est engagé au mois, ses loyers sont dus à sa succession jusqu'au jour de son décès. — Si le matelot est engagé au voyage, la moitié de ses loyers est due s'il meurt en allant, ou au port d'arrivée. — Le total de ses loyers est dû s'il meurt en revenant. — Si le matelot est engagé au profit ou au fret, sa part entière est due s'il meurt le voyage commencé. — Les loyers du matelot tué en défendant le navire sont dus en entier pour tout le voyage, si le navire arrive en bon port.

266. Le matelot pris dans le navire et fait esclave ne peut rien prétendre contre le capitaine, le propriétaire ni les affréteurs, pour le payement de son rachat. — Il est payé de ses loyers jusqu'au jour où il est pris et fait esclave.

267. Le matelot pris et fait esclave, s'il a été envoyé en mer ou à terre pour le service du navire, a droit à l'entier payement de ses loyers. — Il a droit au payement d'une indemnité pour son rachat, si le navire arrive à bon port.

268. L'indemnité est due par les propriétaires du navire si le matelot a été envoyé en mer ou à terre, pour le service du navire. — L'indemnité est due par les propriétaires du navire et du chargement, si le matelot a été envoyé en mer ou à terre pour le service de navire et du chargement.

269. Le montant de l'indemnité est fixé à six cents francs. — Le recouvrement et l'emploi en seront faits suivant les formes déterminées par le gouvernement, dans un règlement relatif au rachat des captifs.

270. Tout matelot qui justifie qu'il est congédié sans cause valable a droit à une indemnité contre le capitaine. — L'indemnité est fixée au tiers des loyers, si le congé a lieu avant le voyage commencé. — L'indemnité est fixée à la totalité des loyers et aux frais de retour, si le congé a lieu pendant le cours du voyage. — Le capitaine ne peut, dans aucun des cas ci-dessus, répéter le montant de l'indemnité contre les propriétaires du navire. — Il n'y a pas lieu à indemnité, si le matelot est congédié avant la clôture du rôle d'équipage. — Dans aucun cas, le capitaine ne peut congédier un matelot dans les pays étrangers.

271. Le navire et le fret sont spécialement affectés aux loyers des matelots.

272. Toutes les dispositions concernant les loyers, pansement et rachat des matelots, sont communes aux officiers et à tous autres gens de l'équipage.

TITRE SIXIÈME.

DES CHARTES-PARTIES, AFFRÉTEMENTS OU NOLISSEMENTS.

273. Toute convention pour louage d'un vaisseau, appelée *charte-partie, affrétement* ou *nolissement*, doit être rédigée par écrit. — Elle énonce : — Le nom et le tonnage du navire, — Le nom du capitaine, — Les noms du fréteur et de l'affréteur, — Le lieu et le temps convenus pour la charge et pour la décharge, — Le prix du fret ou nolis, — Si l'affrétement est total ou partiel, — L'indemnité convenue pour les cas de retard.

274. Si le temps de la charge et de la décharge du navire n'est point fixé par les conventions des parties, il est réglé suivant l'usage des lieux.

275. Si le navire est frété au mois, et s'il n'y a convention contraire, le fret court du jour où le navire a fait voile.

276. Si, avant le départ du navire, il y a interdiction de commerce avec le pays pour lequel il est destiné, les conventions sont résolues

CODE DE COMMERCE.

<table>
<tr><td>ARRÊTS ET JURISPRUDENCE DE LA COUR
DE CASSATION.</td><td>ARRÊTS ET JURISPRUDENCE DE LA COUR IMPÉRIALE
DU RESSORT.</td></tr>
</table>

JUGEMENTS ET JURISPRUDENCE DU TRIBUNAL CIVIL DU RESSORT.

OBSERVATIONS DIVERSES.

sans dommages-intérêts de part ni d'autre. — Le chargeur est tenu des frais de la charge et de la décharge de ses marchandises.

277. S'il existe une force majeure qui n'empêche que pour un temps la sortie du navire, les conventions subsistent, et il n'y a pas lieu à dommages-intérêts à raison du retard. — Elles subsistent également, et il n'y a lieu à aucune augmentation de fret, si la force majeure arrive pendant le voyage.

278. Le chargeur peut, pendant l'arrêt du navire, faire décharger ses marchandises à ses frais, à condition de les recharger ou d'indemniser le capitaine.

279. Dans le cas de blocus du port pour lequel le navire est destiné, le capitaine est tenu, s'il n'a des ordres contraires, de se rendre dans un des ports voisins de la même puissance où il lui sera permis d'aborder.

280. Le navire, les agrès et apparaux, le fret et les marchandises chargées, sont respectivement affectés à l'exécution des conventions des parties.

TITRE SEPTIÈME.

DU CONNAISSEMENT.

281. Le connaissement doit exprimer la nature et la quantité, ainsi que les espèces ou qualités des objets à transporter. — Il indique : — Le nom du chargeur, — Le nom et l'adresse de celui à qui l'expédition est faite, — Le nom et le domicile du capitaine, — Le nom et le tonnage du navire, — Le lieu du départ et celui de la destination. — Il énonce le prix du fret. — Il présente en marge les marques et numéros des objets à transporter. — Le connaissement peut être à ordre, ou au porteur, ou à personne dénommée.

282. Chaque connaissement est fait en quatre originaux au moins : — Un pour le chargeur, — Un pour celui à qui les marchandises sont adressées, — Un pour le capitaine, — Un pour l'armateur du bâtiment. — Les quatre originaux sont signés par le chargeur et par le capitaine, dans les vingt-quatre heures après le chargement. — Le chargeur est tenu de fournir au capitaine, dans le même délai, les acquits des marchandises chargées.

283. Le connaissement rédigé dans la forme ci-dessus prescrite fait foi entre toutes les parties intéressées au chargement, et entre elles et les assureurs.

284. En cas de diversité entre les connaissements d'un même chargement, celui qui sera entre les mains du capitaine fera foi, s'il est rempli de la main du chargeur, ou de celle de son commissionnaire ; et celui qui est présenté par le chargeur ou le consignataire sera suivi, s'il est rempli de la main du capitaine.

285. Tout commissionnaire ou consignataire qui aura reçu les marchandises mentionnées dans les connaissements ou chartes-parties sera tenu d'en donner reçu au capitaine qui le demandera, à peine de tous dépens, dommages-intérêts, même de ceux de retardement.

TITRE HUITIÈME.

DU FRET OU NOLIS.

286. Le prix du loyer d'un navire ou autre bâtiment de mer est appelé *fret ou nolis.* — Il est réglé par les conventions des parties. — Il est constaté par la charte-partie ou par le connaissement. — Il a lieu pour la totalité ou pour partie du bâtiment, pour un voyage entier ou pour un temps limité, au tonneau, au quintal, à forfait, ou à cueillette, avec désignation du tonnage du vaisseau.

287. Si le navire est loué en totalité, et que l'affréteur ne lui donne pas toute sa charge, le capitaine ne peut prendre d'autres marchandises sans le consentement de l'affréteur. — L'affréteur profite du fret des marchandises qui complètent le chargement du navire qu'il a entièrement affrété.

288. L'affréteur qui n'a pas chargé la quantité de marchandises portée par la charte-partie est tenu de payer le fret en entier, et pour le chargement complet auquel il s'est engagé. — S'il en charge davantage, il paye le fret de l'excédant sur le prix réglé par la charte-partie. — Si cependant l'affréteur, sans avoir rien chargé, rompt le voyage avant le départ, il payera en indemnité, au capitaine, la moitié du fret convenu par la charte-partie pour la totalité du chargement qu'il devait faire. — Si le navire a reçu une partie de son chargement, et qu'il parte à non-charge, le fret entier sera dû au capitaine.

289. Le capitaine, qui a déclaré le navire d'un plus grand port qu'il n'est, est tenu des dommages-intérêts envers l'affréteur.

290. N'est réputé y avoir erreur en la déclaration du tonnage d'un navire, si l'erreur n'excède un quarantième, ou si la déclaration est conforme au certificat de jauge.

291. Si le navire est chargé à cueillette, soit au quintal, au tonneau ou à forfait, le chargeur peut retirer ses marchandises, avant le départ du navire, en payant le demi-fret. — Il supportera les frais de charge, ainsi que ceux de décharge et de rechargement des autres marchandises qu'il faudrait déplacer, et ceux du retardement.

292. Le capitaine peut faire mettre à terre, dans le lieu du chargement, les marchandises trouvées dans son navire, si elles ne lui ont point été déclarées, ou en prendre le fret au plus haut prix qui sera payé dans le même lieu pour les marchandises de même nature.

293. Le chargeur qui retire ses marchandises pendant le voyage est tenu de payer le fret en entier et tous les frais de déplacement occasionnés par le déchargement : si les marchandises sont retirées pour cause des faits ou des fautes du capitaine, celui-ci est responsable de tous les frais.

294. Si le navire est arrêté au départ, pendant la route ou au lieu de sa décharge, par le fait de l'affréteur, les frais du retardement sont dus par l'affréteur. — Si, ayant été frété pour l'aller et le retour, le navire fait son retour sans chargement ou avec un chargement incomplet, le fret entier est dû au capitaine, ainsi que l'intérêt du retardement.

295. Le capitaine est tenu des dommages-intérêts envers l'affréteur, si, par son fait, le navire a été arrêté ou retardé au départ, pendant sa route, ou au lieu de sa décharge. — Ces dommages-intérêts sont réglés par des experts.

296. Si le capitaine est contraint de faire radouber le navire pendant le voyage, l'affréteur est tenu d'attendre, ou de payer le fret en entier. — Dans le cas où le navire ne pourrait être radoubé, le capitaine est tenu d'en louer un autre. — Si le capitaine n'a pu louer un autre navire, le fret n'est dû qu'à proportion de ce que le voyage est avancé.

EXTRAITS DES CODES ANNOTÉS DE SIREY ET AUTRES AUTEURS.

ARRÊTS ET JURISPRUDENCE DE LA COUR DE CASSATION.	ARRÊTS ET JURISPRUDENCE DE LA COUR IMPÉRIALE DU RESSORT.

JUGEMENTS ET JURISPRUDENCE DU TRIBUNAL CIVIL DU RESSORT.

OBSERVATIONS DIVERSES.

297. Le capitaine perd son fret et répond des dommages-intérêts de l'affréteur, si celui-ci prouve que, lorsque le navire a fait voile, il était hors d'état de naviguer. — La preuve est admissible nonobstant et contre les certificats de visite au départ.

298. Le fret est dû pour les marchandises que le capitaine a été contraint de vendre pour subvenir aux victuailles, radoub et autres nécessités pressantes du navire, en tenant par lui compte de leur valeur, au prix que le reste, ou autre pareille marchandise de même qualité, sera vendu au lieu de la décharge, si le navire arrive à bon port. — Si le navire se perd, le capitaine tiendra compte des marchandises sur le pied qu'il les aura vendues, en retenant également le fret porté aux connaissements. — « Sauf, dans ces deux cas, le droit réservé aux propriétaires de navires par le paragraphe 2 de l'article 216. — Lorsque de l'exercice de ce droit résultera une perte pour ceux dont les marchandises auront été vendues ou mises en gage, elle sera répartie au marc le franc sur la valeur de ces marchandises et de toutes celles qui sont arrivées à leur destination, ou qui ont été sauvées du naufrage postérieurement aux événements de mer qui ont nécessité la vente ou la mise en gage. »

299. S'il arrive interdiction de commerce avec le pays pour lequel le navire est en route, et qu'il soit obligé de revenir avec son chargement, il n'est dû au capitaine que le fret de l'aller, quoique le vaisseau ait été affrété pour l'aller et le retour.

300. Si le vaisseau est arrêté dans le cours de son voyage par l'ordre d'une puissance, — Il n'est dû aucun fret pour le temps de sa détention, si le navire est affrété au mois; ni augmentation de fret, s'il est loué au voyage. — La nourriture et les loyers de l'équipage, pendant la détention du navire, sont réputés avaries.

301. Le capitaine est payé du fret des marchandises jetées à la mer pour le salut commun, à la charge de contribution.

302. Il n'est dû aucun fret pour les marchandises perdues par naufrage ou échouement, pillées par des pirates ou prises par les ennemis. — Le capitaine est tenu de restituer le fret qui lui aura été avancé, s'il n'y a convention contraire.

303. Si le navire et les marchandises sont rachetés, ou si les marchandises sont sauvées du naufrage, le capitaine est payé du fret jusqu'au lieu de la prise ou du naufrage. — Il est payé du fret entier en contribuant au rachat, s'il conduit les marchandises au lieu de leur destination.

304. La contribution pour le rachat se fait sur le prix courant des marchandises au lieu de leur décharge, déduction faite des frais, et sur la moitié du navire et du fret. — Les loyers des matelots n'entrent point en contribution.

305. Si le consignataire refuse de recevoir les marchandises, le capitaine peut, par autorité de justice, en faire vendre pour le payement de son fret, et faire ordonner le dépôt du surplus. — S'il y a insuffisance, il conserve son recours contre le chargeur.

306. Le capitaine ne peut retenir les marchandises dans son navire faute de payement de son fret. — Il peut, dans le temps de la décharge, demander le dépôt en mains tierces jusqu'au payement de son fret.

307. Le capitaine est préféré, pour son fret, sur les marchandises de son chargement, pendant quinzaine après leur délivrance, si elles n'ont passé en mains tierces.

308. En cas de faillite des chargeurs ou réclamateurs avant l'expiration de la quinzaine, le capitaine est privilégié sur tous les créanciers pour le payement de son fret et des avaries qui lui sont dues.

309. En aucun cas, le chargeur ne peut demander de diminution sur le prix du fret.

310. Le chargeur ne peut abandonner pour le fret les marchandises diminuées de prix, ou détériorées par leur vice propre ou par cas fortuit. — Si toutefois des futailles contenant vin, huile, miel et autres liquides, ont tellement coulé qu'elles soient vides ou presque vides, lesdites futailles pourront être abandonnées pour le fret.

TITRE NEUVIÈME.

DES CONTRATS A LA GROSSE.

311. Le contrat à la grosse est fait devant notaire ou sous signature privée. — Il énonce : — Le capital prêté et la somme convenue pour le profit maritime, — Les objets sur lesquels le prêt est affecté, — Les noms du navire et du capitaine, — Ceux du prêteur et de l'emprunteur, — Si le prêt a lieu pour un voyage, — Pour quel voyage, et pour quel temps, — L'époque du remboursement.

312. Tout prêteur à la grosse, en France, est tenu de faire enregistrer son contrat au greffe du tribunal de commerce, dans les dix jours de la date, à peine de perdre son privilége. — Et si le contrat est fait à l'étranger, il est soumis aux formalités prescrites à l'article 234.

313. Tout acte de prêt à la grosse peut être négocié par la voie de l'endossement, s'il est à ordre. — En ce cas, la négociation de cet acte a les mêmes effets et produit les mêmes actions en garantie que celle des autres effets de commerce.

314. La garantie de payement ne s'étend pas au profit maritime, à moins que le contraire n'ait été expressément stipulé.

315. Les emprunts à la grosse peuvent être affectés, — Sur le corps et quille du navire, — Sur les agrès et apparaux, — Sur l'armement et les victuailles, — Sur le chargement, — Sur la totalité de ces objets conjointement, ou sur une partie déterminée de chacun d'eux.

316. Tout emprunt à la grosse, fait pour une somme excédant la valeur des objets sur lesquels il est affecté, peut être déclaré nul, à la demande du prêteur, s'il est prouvé qu'il y a fraude de la part de l'emprunteur.

317. S'il n'y a fraude, le contrat est valable jusqu'à la concurrence de la valeur des effets affectés à l'emprunt, d'après l'estimation qui en est faite ou convenue; — Le surplus de la somme empruntée est remboursée avec intérêts au cours de la place.

318. Tous emprunts sur le fret à faire du navire et sur le profit espéré des marchandises sont prohibés. — Le prêteur, dans ce cas, n'a droit qu'au remboursement du capital, sans aucun intérêt.

319. Nul prêt à la grosse ne peut être fait aux matelots ou gens de mer sur leurs loyers ou voyages.

320. Le navire, les agrès et les apparaux, l'armement et les victuailles, même le fret acquis, sont affectés par privilége au capital et intérêts de l'argent donné à la grosse sur le corps

ARRÊTS ET JURISPRUDENCE DE LA COUR DE CASSATION.	ARRÊTS ET JURISPRUDENCE DE LA COUR IMPÉRIALE DU RESSORT.

JUGEMENTS ET JURISPRUDENCE DU TRIBUNAL CIVIL DU RESSORT.

OBSERVATIONS DIVERSES.

et quille du vaisseau. — Le chargement est également affecté au capital et intérêts de l'argent donné à la grosse sur le chargement. — Si l'emprunt a été fait sur un objet particulier du navire ou du chargement, le privilége n'a lieu que sur l'objet, et dans la proportion de la quotité affectée à l'emprunt.

321. Un emprunt à la grosse fait par le capitaine dans le lieu de la demeure des propriétaires du navire, sans leur autorisation authentique ou leur intervention dans l'acte, ne donne action et privilége que sur la portion que le capitaine peut avoir au navire et au fret.

322. Sont affectées aux sommes empruntées, même dans le lieu de la demeure des intéressés, pour radoub et victuailles, les parts et portions des propriétaires qui n'auraient pas fourni leur contingent pour mettre le bâtiment en état, dans les vingt-quatre heures de la sommation qui leur en sera faite.

323. Les emprunts faits pour le dernier voyage du navire sont remboursés par préférence aux sommes prêtées pour un précédent voyage, quand même il serait déclaré qu'elles sont laissées par continuation ou renouvellement. — Les sommes empruntées pendant le voyage sont préférées à celles qui auraient été empruntées avant le départ du navire, et, s'il y a plusieurs emprunts faits pendant le même voyage, le dernier emprunt sera toujours préféré à celui qui l'aura précédé.

324. Le prêteur à la grosse sur marchandises chargées dans un navire désigné au contrat ne supporte pas la perte des marchandises même par fortune de mer, si elles ont été chargées sur un autre navire, à moins qu'il ne soit légalement constaté que ce chargement a eu lieu par force majeure.

325. Si les effets sur lesquels le prêt à la grosse a eu lieu sont entièrement perdus, et que la perte soit arrivée par cas fortuit, dans le temps et dans le lieu des risques, la somme prêtée ne peut être réclamée.

326. Les déchets, diminutions et pertes qui arrivent par le vice propre de la chose, et les dommages causés par le fait de l'emprunteur, ne sont point à la charge du prêteur.

327. En cas de naufrage, le payement des sommes empruntées à la grosse est réduit à la valeur des effets sauvés et affectés au contrat, déduction faite des frais de sauvetage.

328. Si le temps des risques n'est point déterminé par le contrat, il court, à l'égard du navire, des agrès, apparaux, armement et victuailles, du jour que le navire a fait voile, jusqu'au jour où il est ancré ou amarré au port ou lieu de sa destination. — A l'égard des marchandises, le temps des risques court du jour qu'elles ont été chargées dans le navire, ou dans les gabares pour les y porter, jusqu'au jour où elles sont délivrées à terre.

329. Celui qui emprunte à la grosse, sur des marchandises, n'est point libéré par la perte du navire et du chargement, s'il ne justifie qu'il y avait, pour son compte, des effets jusqu'à la concurrence de la somme empruntée.

330. Les prêteurs à la grosse contribuent, à la décharge des emprunteurs, aux avaries communes. — Les avaries simples sont aussi à la charge des prêteurs, s'il n'y a convention contraire.

331. S'il y a contrat à la grosse et assurance sur le même navire ou sur le même chargement, le produit des effets sauvés du naufrage est partagé entre le prêteur à la grosse, *pour son capital seulement*, et l'assureur, pour les sommes assurées, au marc le franc de leur intérêt respectif, sans préjudice des priviléges établis à l'article 191.

TITRE DIXIÈME.

DES ASSURANCES.

SECT. 1. — *Du contrat d'assurance, de sa forme et de son objet.*

332. Le contrat d'assurance est rédigé par écrit. — Il est daté du jour auquel il est souscrit. — Il y est énoncé si c'est avant ou après midi. — Il peut être fait sous signature privée. — Il ne peut contenir aucun blanc. — Il exprime — Le nom et le domicile de celui qui fait assurer, sa qualité de propriétaire ou de commissionnaire, — Le nom et la désignation du navire, — Le nom du capitaine, — Le lieu où les marchandises ont été ou doivent être chargées, — Le port d'où ce navire a dû ou doit partir, — Les ports ou rades dans lesquels il doit charger ou décharger, — Ceux dans lesquels il doit entrer, — La nature et la valeur ou l'estimation des marchandises ou objets que l'on fait assurer, — Les temps auxquels les risques doivent commencer et finir, — La somme assurée, — La prime ou le coût de l'assurance, — La soumission des parties à des arbitres, en cas de contestation, si elle a été convenue, — Et généralement toutes les autres conditions dont les parties sont convenues.

333. La même police peut contenir plusieurs assurances, soit à raison des marchandises, soit à raison du taux de la prime, soit à raison de différents assureurs.

334. L'assurance peut avoir pour objet, — Le corps et quille du vaisseau, vide ou chargé, armé ou non armé, seul ou accompagné, — Les agrès et apparaux, — Les armements, — Les victuailles, — Les sommes prêtées à la grosse, — Les marchandises du chargement, et toutes autres choses ou valeurs estimables à prix d'argent, sujettes aux risques de la navigation.

335. L'assurance peut être faite sur le tout ou sur une partie desdits objets, conjointement ou séparément. — Elle peut être faite en temps de paix ou en temps de guerre, avant ou pendant le voyage du vaisseau. — Elle peut être faite pour l'aller et le retour, ou seulement pour l'un des deux, pour le voyage entier ou pour un temps limité; — Pour tous voyages et transports par mer, rivières et canaux navigables.

336. En cas de fraude dans l'estimation des effets assurés, en cas de supposition ou de falsification, l'assureur peut faire procéder à la vérification et estimation des objets, sans préjudice de toutes autres poursuites, soit civiles, soit criminelles.

337. Les chargements faits aux Echelles du Levant, aux côtes d'Afrique et autres parties du monde, pour l'Europe, peuvent être assurés sur quelque navire qu'ils aient lieu, sans désignation du navire ni du capitaine. — Les marchandises elles-mêmes peuvent, en ce cas, être assurées sans désignation de leur nature et espèce. — Mais la police doit indiquer celui à qui l'expédition est faite ou doit être consignée, s'il n'y a convention contraire dans la police d'assurance.

338. Tout effet dont le prix est stipulé dans le contrat, en monnaie étrangère, est évalué au prix que la monnaie stipulée vaut en monnaie de

---

ARRÊTS ET JURISPRUDENCE DE LA COUR DE CASSATION.	ARRÊTS ET JURISPRUDENCE DE LA COUR IMPÉRIALE DU RESSORT.

JUGEMENTS ET JURISPRUDENCE DU TRIBUNAL CIVIL DU RESSORT.

OBSERVATIONS DIVERSES.

France, suivant le cours à l'époque de la signature de la police.

339. Si la valeur des marchandises n'est point fixée par le contrat, elle peut être justifiée par les factures ou par les livres : à défaut, l'estimation en est faite suivant le prix courant au temps et au lieu du chargement, y compris tous les droits payés et les frais faits jusqu'à bord.

340. Si l'assurance est faite sur le retour d'un pays où le commerce ne se fait que par troc, et que l'estimation des marchandises ne soit pas faite par la police, elle sera réglée sur le pied de la valeur de celles qui ont été données en échange, en y joignant les frais de transport.

341. Si le contrat d'assurance ne règle point le temps des risques, les risques commencent et finissent dans le temps réglé par l'article 328 pour les contrats à la grosse.

342. L'assureur peut faire réassurer par d'autres les effets qu'il a assurés. — L'assuré peut faire assurer le coût de l'assurance. — La prime de réassurance peut être moindre ou plus forte que celle de l'assurance.

343. L'augmentation de prime qui aura été stipulée en temps de paix pour le temps de guerre qui pourrait survenir, et dont la quotité n'aura pas été déterminée par les contrats d'assurance, est réglée par les tribunaux, en ayant égard aux risques, aux circonstances et aux stipulations de chaque police d'assurance.

344. En cas de perte des marchandises assurées et chargées pour le compte du capitaine sur le vaisseau qu'il commande, le capitaine est tenu de justifier aux assureurs l'achat des marchandises, et d'en fournir un connaissement signé par deux des principaux de l'équipage.

345. Tout homme de l'équipage et tout passager, qui apportent des pays étrangers des marchandises assurées en France, sont tenus d'en laisser un connaissement dans les lieux où le chargement s'effectue, entre les mains du consul de France, et, à défaut, entre les mains d'un Français notable négociant, ou du magistrat du lieu.

346. Si l'assureur tombe en faillite lorsque le risque n'est pas encore fini, l'assuré peut demander caution, ou la résiliation du contrat. — L'assureur a le même droit en cas de faillite de l'assuré.

347. Le contrat d'assurance est nul, s'il a pour objet — Le fret des marchandises existant à bord du navire, — Le profit espéré des marchandises, — Les loyers des gens de mer, — Les sommes empruntées à la grosse, — Les profits maritimes des sommes prêtées à la grosse.

348. Toute réticence, toute fausse déclaration de la part de l'assuré, toute différence entre le contrat d'assurance et le connaissement, qui diminueraient l'opinion du risque ou en changeraient le sujet, annulent l'assurance. — L'assurance est nulle, même dans le cas où la réticence, la fausse déclaration ou la différence. n'auraient pas influé sur le dommage ou la perte de l'objet assuré.

SECT. II. — *Des obligations de l'assureur et de l'assuré.*

349. Si le voyage est rompu avant le départ du vaisseau, même par le fait de l'assuré, l'assurance est annulée; l'assureur reçoit, à titre d'indemnité, demi pour cent de la somme assurée.

350. Sont aux risques des assureurs, toutes pertes et dommages qui arrivent aux objets assurés, par tempête, naufrage, échouement, abordage fortuit, changements forcés de route, de voyage ou de vaisseau, par jet, feu, prise, pillage, arrêt par ordre de puissance, déclaration de guerre, représailles, et généralement par toutes les autres fortunes de mer.

351. Tout changement de route, de voyage ou de vaisseau, et toutes pertes et dommages provenant du fait de l'assuré, ne sont point à la charge de l'assureur; et même la prime lui est acquise, s'il a commencé à courir les risques.

352. Les déchets, diminutions et pertes qui arrivent par le vice propre de la chose, et les dommages causés par le fait et faute des propriétaires, affréteurs ou chargeurs, ne sont point à la charge des assureurs.

353. L'assureur n'est point tenu des prévarications et fautes du capitaine et de l'équipage, connues sous le nom de *baraterie de patron*, s'il n'y a convention contraire.

354. L'assureur n'est point tenu du pilotage, touage et lamanage, ni d'aucune espèce de droits imposés sur le navire et les marchandises.

355. Il sera fait désignation, dans la police, des marchandises sujettes, par leur nature, à détérioration particulière ou diminution, comme blés ou sels, ou marchandises susceptibles de coulage ; sinon les assureurs ne répondront point des dommages ou pertes qui pourraient arriver à ces mêmes denrées, si ce n'est toutefois que l'assuré eût ignoré la nature du chargement lors de la signature de la police.

356. Si l'assurance a pour objet des marchandises pour l'aller et le retour, et si le vaisseau étant parvenu à sa première destination, il ne se fait point de chargement en retour, ou si le chargement en retour n'est pas complet, l'assureur reçoit seulement les deux tiers proportionnels de la prime convenue, s'il n'y a stipulation contraire.

357. Un contrat d'assurance ou de réassurance, consenti pour une somme excédant la valeur de l'assuré seulement, s'il est prouvé qu'il y a dol ou fraude de sa part.

358. S'il n'y a ni dol ni fraude, le contrat est valable jusqu'à concurrence de la valeur des effets chargés, d'après l'estimation qui en est faite ou convenue. — En cas de pertes, les assureurs sont tenus d'y contribuer chacun à proportion des sommes par eux assurées. — Ils ne reçoivent pas la prime de cet excédant de valeur, mais seulement l'indemnité de demi pour cent.

359. S'il existe plusieurs contrats d'assurance faits sans fraude sur le même chargement, et que le premier contrat assure l'entière valeur des effets chargés, il subsistera seul. — Les assureurs qui ont signé les contrats subséquents sont libérés; ils ne reçoivent que demi pour cent de la somme assurée. — Si l'entière valeur des effets chargés n'est pas assurée par le premier contrat, les assureurs qui ont signé les contrats subséquents répondent de l'excédant, en suivant l'ordre de la date des contrats.

360. S'il y a des effets chargés pour le montant des sommes assurées, en cas de perte d'une partie, elle sera payée par tous les assureurs de ces effets, au marc le franc de leur intérêt.

361. Si l'assurance a lieu divisément pour des marchandises qui doivent être chargées sur plusieurs vaisseaux désignés, avec énonciation de la somme assurée sur chacun, et si le chargement entier est mis sur un seul vaisseau, ou sur un moindre nombre qu'il n'en est désigné dans le contrat, l'assureur n'est tenu que de la somme

<hr>

EXTRAITS DES CODES ANNOTÉS DE SIREY ET AUTRES AUTEURS.

ARRÊTS ET JURISPRUDENCE DE LA COUR DE CASSATION.	ARRÊTS ET JURISPRUDENCE DE LA COUR IMPÉRIALE DU RESSORT.

JUGEMENTS ET JURISPRUDENCE DU TRIBUNAL CIVIL DU RESSORT.

OBSERVATIONS DIVERSES.

qu'il a assuré sur le vaisseau ou sur les vaisseaux qui ont reçu le chargement, nonobstant la perte de tous les vaisseaux désignés ; et il recevra néanmoins demi pour cent des sommes dont les assurances se trouvent annulées.

362. Si le capitaine a la liberté d'entrer dans différents ports pour compléter ou échanger son chargement, l'assureur ne court les risques des effets assurés que lorsqu'ils sont à bord, s'il n'y a convention contraire.

363. Si l'assurance est faite pour un temps limité, l'assureur est libre après l'expiration du temps, et l'assuré peut faire assurer les nouveaux risques.

364. L'assureur est déchargé des risques, et la prime lui est acquise, si l'assuré envoie le vaisseau en un lieu plus éloigné que celui qui est désigné par le contrat, quoique sur la même route. — L'assurance a son entier effet, si le voyage est raccourci.

365. Toute assurance faite après la perte ou l'arrivée des objets assurés est nulle, s'il y a présomption qu'avant la signature du contrat, l'assuré a pu être informé de la perte, ou l'assureur de l'arrivée des objets assurés.

366. La présomption existe, si, en comptant trois quarts de myriamètre (une lieue et demie) par heure, sans préjudice des autres preuves, il est établi que de l'endroit de l'arrivée ou de la perte du vaisseau, ou du lieu où la première nouvelle en est arrivée, elle a pu être portée dans le lieu où le contrat d'assurance a été passé, avant la signature du contrat.

367. Si cependant l'assurance est faite sur bonnes ou mauvaises nouvelles, la présomption mentionnée dans les articles précédents n'est point admise. — Le contrat n'est annulé que sur la preuve que l'assuré savait la perte, ou l'assureur l'arrivée du navire, avant la signature du contrat.

368. En cas de preuve contre l'assuré, celui-ci paye à l'assureur une double prime. — En cas de preuve contre l'assureur, celui-ci paye à l'assuré une somme double de la prime convenue. — Celui d'entre eux contre qui la preuve est faite est poursuivi correctionnellement.

SECT. III. — *Du délaissement.*

369. Le délaissement des objets assurés peut être fait, — En cas de prise, — De naufrage, — D'échouement avec bris, — D'innavigabilité par fortune de mer, — En cas d'arrêt d'une puissance étrangère, — En cas de perte ou détérioration des effets assurés, si la détérioration ou la perte va au moins à trois quarts. — Il peut être fait, en cas d'arrêt de la part du Gouvernement, après le voyage commencé.

370. Il ne peut être fait avant le voyage commencé.

371. Tous autres dommages sont réputés avaries, et se règlent, entre les assureurs et les assurés, à raison de leurs intérêts.

372. Le délaissement des objets assurés ne peut être partiel ni conditionnel. — Il ne s'étend qu'aux effets qui sont l'objet de l'assurance et du risque.

373. Le délaissement doit être fait aux assureurs dans le terme de six mois, à partir du jour de la réception de la nouvelle de la perte arrivée aux ports ou côtes de l'Europe, ou sur celles d'Asie et d'Afrique, dans la Méditerranée, ou bien, en cas de prise, de la réception de celle de la conduite du navire dans l'un des ports ou lieux situés aux côtes ci-dessus mentionnées ; — Dans le délai d'un an après la réception de la nouvelle ou de la perte arrivée, ou de la prise conduite aux colonies des Indes occidentales, aux îles Açores, Canaries, Madère et autres îles et côtes occidentales d'Afrique et orientales d'Amérique ; — Dans le délai de deux ans après la nouvelle des pertes arrivées ou des prises conduites dans toutes les autres parties du monde. — Et ces délais passés, les assurés ne seront plus recevables à faire le délaissement.

374. Dans le cas où le délaissement peut être fait, et dans le cas de tous autres accidents au risque des assureurs, l'assuré est tenu de signifier à l'assureur les avis qu'il a reçus. — La signification doit être faite dans les trois jours de la réception de l'avis.

375. Si, après un an expiré, à compter du jour du départ du navire, ou du jour auquel se rapportent les dernières nouvelles reçues, pour les voyages ordinaires, — Après deux ans, pour les voyages de long cours, — L'assuré déclare n'avoir reçu aucune nouvelle de son navire, il peut faire le délaissement à l'assureur et demander le payement de l'assurance, sans qu'il soit besoin d'attestation de la perte. — Après l'expiration de l'an ou des deux ans, l'assuré a, pour agir, les délais établis par l'article 373.

376. Dans le cas d'une assurance pour temps limité, après l'expiration des délais établis, comme ci-dessus, pour les voyages ordinaires et pour ceux de long cours, la perte du navire est présumée arrivée dans le temps de l'assurance.

377. Sont réputés voyages de long cours ceux qui se font aux Indes orientales et occidentales, à la mer Pacifique, au Canada, à Terre-Neuve, au Groënland, et autres côtes et îles de l'Amérique méridionale et septentrionale, aux Açores, Canaries, à Madère, et dans toutes les côtes et pays situés sur l'Océan, au delà des détroits de Gibraltar et du Sund.

378. L'assuré peut, par la signification mentionnée en l'article 374, ou faire le délaissement, avec sommation à l'assureur de payer la somme assurée dans le délai fixé par le contrat, ou se réserver de faire le délaissement dans les délais fixés par la loi.

379. L'assuré est tenu, en faisant le délaissement, de déclarer toutes les assurances qu'il a faites ou fait faire, même celles qu'il a ordonnées et l'argent qu'il a pris à la grosse, soit sur le navire, soit sur les marchandises ; faute de quoi, le délai du payement, qui doit commencer à courir du jour du délaissement, sera suspendu jusqu'au jour où il fera notifier ladite déclaration, sans qu'il en résulte aucune prorogation du délai établi pour former l'action en délaissement.

380. En cas de déclaration frauduleuse, l'assuré est privé des effets de l'assurance ; il est tenu de payer les sommes empruntées, nonobstant la perte ou la prise du navire.

381. En cas de naufrage ou d'échouement avec bris, l'assuré doit, sans préjudice du délaissement à faire en temps et lieu, travailler au recouvrement des effets naufragés. — Sur son affirmation, les frais de recouvrement lui sont alloués jusqu'à concurrence de la valeur des effets recouvrés.

382. Si l'époque du payement n'est point fixée par le contrat, l'assureur est tenu de payer l'assurance trois mois après la signification du délaissement.

383. Les actes justificatifs du chargement et de la perte sont signifiés à l'assureur avant qu'il

ARRÊTS ET JURISPRUDENCE DE LA COUR
DE CASSATION.

ARRÊTS ET JURISPRUDENCE DE LA COUR IMPÉRIALE
DU RESSORT.

JUGEMENTS ET JURISPRUDENCE DU TRIBUNAL CIVIL DU RESSORT.

OBSERVATIONS DIVERSES.

puisse être poursuivi pour le payement des sommes assurées.

384. L'assureur est admis à la preuve des faits contraires à ceux qui sont consignés dans les attestations. — L'admission à la preuve ne suspend pas les condamnations de l'assureur au payement provisoire de la somme assurée. à la charge par l'assuré de donner caution. — L'engagement de la caution est éteint après quatre années révolues, s'il n'y a pas eu de poursuite.

385. Le délaissement signifié et accepté ou jugé valable, les effets assurés appartiennent à l'assureur, à partir de l'époque du délaissement. — L'assureur ne peut, sous prétexte du retour du navire, se dispenser de payer la somme assurée.

386. Le fret des marchandises sauvées. quand même il aurait été payé d'avance, fait partie du délaissement du navire et appartient également à l'assureur, sans préjudice des droits des prêteurs à la grosse, de ceux des matelots pour leur loyer, et des frais et dépenses pendant le voyage.

387. En cas d'arrêt de la part d'une puissance, l'assuré est tenu de faire la signification à l'assureur, dans les trois jours de la réception de la nouvelle. — Le délaissement des objets arrêtés ne peut être fait qu'après un délai de six mois de la signification, si l'arrêt a eu lieu dans les mers d'Europe, dans la Méditerranée, ou dans la Baltique; — Qu'après le délai d'un an, si l'arrêt a eu lieu en pays plus éloigné. — Ces délais ne courent que du jour de la signification de l'arrêt. — Dans le cas où les marchandises arrêtées seraient périssables, les délais ci-dessus mentionnés sont réduits à un mois et demi pour le premier cas, et à trois mois pour le second cas.

388. Pendant les délais portés par l'article précédent, les assurés sont tenus de faire toutes diligences qui peuvent dépendre d'eux, à l'effet d'obtenir la mainlevée des effets arrêtés.—Pourront, de leur côté, les assureurs, ou de concert avec les assurés, ou séparément, faire toutes démarches à même fin.

389. Le délaissement à titre d'innavigabilité ne peut être fait si le navire échoué peut être relevé, réparé et mis en état de continuer sa route pour le lieu de sa destination. — Dans ce cas, l'assuré conserve son recours sur les assureurs, pour les frais et avaries occasionnés par l'échouement.

390. Si le navire a été déclaré innavigable, l'assuré sur le chargement est tenu d'en faire la notification dans le délai de trois jours de la réception de la nouvelle.

391. Le capitaine est tenu, dans ce cas, de faire toutes diligences pour se procurer un autre navire à l'effet de transporter les marchandises au lieu de leur destination.

392. L'assureur court les risques des marchandises chargées sur un autre navire, dans le cas prévu par l'article précédent, jusqu'à leur arrivée et leur déchargement.

393. L'assureur est tenu, en outre, des avaries, frais de déchargement, magasinage, rembarquement, de l'excédant du fret, et de tous autres frais qui auront été faits pour sauver les marchandises, jusqu'à concurrence de la somme assurée.

394. Si, dans les délais prescrits par l'article 387, le capitaine n'a pu trouver de navire pour recharger les marchandises et les conduire au lieu de leur destination, l'assuré peut en faire le délaissement.

395. En cas de prise, si l'assuré n'a pu en donner avis à l'assureur, il peut racheter les effets sans attendre son ordre. — L'assuré est tenu de signifier à l'assureur la composition qu'il aura faite, aussitôt qu'il en aura les moyens.

396. L'assureur a le choix de prendre la composition à son compte, ou d'y renoncer : il est tenu de notifier son choix à l'assuré, dans les vingt-quatre heures qui suivent la signification de la composition. — S'il déclare prendre la composition à son profit, il est tenu de contribuer, sans délai, au payement du rachat dans les termes de la convention, et à proportion de son intérêt; et il continue de courir les risques du voyage, conformément au contrat d'assurance. — S'il déclare renoncer au profit de la composition, il est tenu au payement de la somme assurée, sans pouvoir rien prétendre aux effets rachetés. — Lorsque l'assureur n'a pas notifié son choix dans le délai susdit, il est censé avoir renoncé au profit de la composition.

TITRE ONZIÈME.

DES AVARIES.

397. Toutes dépenses extraordinaires faites pour le navire et les marchandises conjointement ou séparément, — Tout dommage qui arrive au navire et aux marchandises, depuis leur chargement et départ jusqu'à leur retour et déchargement, — Sont réputés avaries.

398. A défaut de conventions spéciales entre toutes les parties, les avaries sont réglées conformément aux dispositions ci-après.

399. Les avaries sont de deux classes, avaries grosses ou communes, et avaries simples ou particulières.

400. Sont avaries communes, —1° Les choses données par composition et à titre de rachat du navire et des marchandises; — 2° Celles qui sont jetées à la mer; —3° Les câbles ou mâts rompus ou coupés; — 4° Les ancres et autres effets abandonnés pour le salut commun; — 5° Les dommages occasionnés par le jet aux marchandises restées dans le navire; | — 6° Les pansement et nourriture des matelots blessés en défendant le navire, les loyer et nourriture des matelots pendant la détention, quand le navire est arrêté en voyage par ordre d'une puissance, et pendant les réparations des dommages volontairement soufferts pour le salut commun, si le navire est affrété au mois; — 7° Les frais du déchargement pour alléger le navire et entrer dans un havre ou dans une rivière, quand le navire est contraint de le faire par tempête ou par la poursuite de l'ennemi; — 8° Les frais faits pour remettre à flot le navire échoué dans l'intention d'éviter la perte totale ou la prise; — Et, en général, les dommages soufferts volontairement et les dépenses faites, d'après délibérations motivées, pour le bien et salut commun du navire et des marchandises, depuis leur chargement et départ jusqu'à leur retour et déchargement.

401. Les avaries communes sont supportées par les marchandises et par la moitié du navire et du fret, au marc le franc de la valeur.

402. Le prix des marchandises est établi par leur valeur au lieu du déchargement.

403. Sont avaries particulières : — 1° Le dommage arrivé aux marchandises par leur vice propre, par tempête, prise, naufrage ou échoue-

ARRÊTS ET JURISPRUDENCE DE LA COUR DE CASSATION.	ARRÊTS ET JURISPRUDENCE DE LA COUR IMPÉRIALE DU RESSORT.

JUGEMENTS ET JURISPRUDENCE DU TRIBUNAL CIVIL DU RESSORT.

OBSERVATIONS DIVERSES.

ment ; — 2° Les frais faits pour les sauver ; — 3° La perte des câbles, ancres, voiles, mâts, cordages, causée par tempête ou autre accident de mer ; — Les dépenses résultant de toutes relâches occasionnées soit par la perte fortuite de ces objets, soit par le besoin d'avitaillement, soit par la voie d'eau à réparer ; — 4° La nourriture et le loyer des matelots pendant la détention, quand le navire est arrêté en voyage par ordre d'une puissance, et pendant les réparations qu'on est obligé d'y faire, si le navire est affrété au voyage ; — 5° La nourriture et le loyer des matelots pendant la quarantaine, que le navire soit loué au voyage ou au mois ; — Et, en général, les dépenses faites et le dommage souffert pour le navire seul, ou pour les marchandises seules, depuis leur chargement et départ jusqu'à leur retour et déchargement.

404. Les avaries particuliers sont supportées et payées par le propriétaire de la chose qui a essuyé le dommage ou occasionné la dépense.

405. Les dommages arrivés aux marchandises, faute par le capitaine d'avoir bien fermé les écoutilles, amarré le navire, fourni de bons guindages, et par tous autres accidents provenant de la négligence du capitaine ou de l'équipage, sont également des avaries particulières supportées par le propriétaire des marchandises, mais pour lesquelles il a son recours contre le capitaine, le navire et le fret.

406. Les lamanages, touages, pilotages, pour entrer dans les havres ou rivières, ou pour en sortir, les droits de congés, visites, rapports, tonnes, balises, ancrages, et autres droits de navigation, ne sont point avaries ; mais ils sont de simples frais à la charge du navire.

407. En cas d'abordage de navires, si l'événement a été purement fortuit, le dommage est supporté, sans répétition, par celui des navires qui l'a éprouvé. — Si l'abordage a été fait par la faute de l'un des capitaines, le dommage est payé par celui qui l'a causé. — S'il y a doute dans les causes de l'abordage, le dommage est réparé à frais communs et par égale portion, par les navires qui l'ont fait et souffert. Dans ces deux derniers cas, l'estimation du dommage est faite par experts.

408. Une demande pour avaries n'est point recevable, si l'avarie commune n'excède pas un pour cent de la valeur cumulée du navire et des marchandises, et si l'avarie particulière n'excède

pas aussi un pour cent de la valeur de la chose endommagée.

409. La clause *franc d'avaries* affranchit les assureurs de toutes avaries, soit communes, soit particulières, excepté dans les cas qui donnent ouverture au délaissement et, dans ces cas, les assurés ont l'option entre le délaissement et l'exercice d'action d'avarie.

TITRE DOUZIÈME.

DU JET ET DE LA CONTRIBUTION.

410. Si, par tempête ou par la chasse de l'ennemi, le capitaine se croit obligé, pour le salut du navire, de jeter en mer une partie de son chargement, de couper ses mâts ou d'abandonner ses ancres, il prend l'avis des intéressés au chargement qui se trouvent dans le vaisseau, et des principaux de l'équipage. — S'il y a diversité d'avis, celui du capitaine et des principaux de l'équipage est suivi.

411. Les choses les moins nécessaires, les plus pesantes et de moindre prix, sont jetées les premières, et ensuite les marchandises du premier pont, au choix du capitaine et par l'avis des principaux de l'équipage.

412. Le capitaine est tenu de rédiger par écrit la délibération, aussitôt qu'il en a les moyens. — La délibération exprime — Les motifs qui ont déterminé le jet, — Les objets jetés ou endommagés. — Elle présente la signature des délibérants, ou les motifs de leur refus de signer. — Elle est transcrite sur le registre.

413. Au premier port où le navire abordera, le capitaine est tenu, dans les vingt-quatre heures de son arrivée, d'affirmer les faits contenus dans la délibération transcrite sur le registre.

414. L'état des pertes et dommages est fait dans le lieu du déchargement du navire, à la diligence du capitaine et par experts. — Les experts sont nommés par le tribunal de commerce, si le déchargement se fait dans un port français. — Dans les lieux où il n'y a pas de tribunal de commerce, les experts sont nommés par le juge de paix. — Ils sont nommés par le consul de France, et, à son défaut, par le magistrat du lieu, si la décharge se fait dans un port étranger. — Les experts prêtent serment avant d'opérer.

415. Les marchandises jetées sont estimées suivant le prix courant du lieu du déchargement ; leur qualité est constatée par la production des connaissements, et des factures, s'il y en a.

416. Les experts nommés en vertu de l'article précédent font la répartition des pertes et dommages. — La répartition est rendue exécutoire par l'homologation du tribunal. — Dans les ports étrangers, la répartition est rendue exécutoire par le consul de France, ou, à son défaut, par tout tribunal compétent sur les lieux.

417. La répartition pour le payement des pertes et dommages est faite sur les effets jetés et sauvés, et sur moitié du navire et du fret, à proportion de leur valeur au lieu du déchargement.

418. Si la qualité des marchandises a été déguisée par le connaissement, et qu'elles se trouvent d'une plus grande valeur, elles contribuent sur le pied de leur estimation, si elles sont sauvées ; — Elles sont payées d'après la qualité désignée par le connaissement, si elles sont perdues. — Si les marchandises déclarées sont d'une qualité inférieure à celle qui est indiquée par le connaissement, elles contribuent d'après la qualité indiquée par le connaissement, si elles sont sauvées ; — Elles sont payées sur le pied de leur valeur, si elles sont jetées ou endommagées.

419. Les munitions de guerre et de bouche, et les hardes des gens de l'équipage, ne contribuent point au jet : la valeur de celles qui auront été jetées sera payée par contribution sur tous les autres effets.

420. Les effets dont il n'y a pas de connaissement ou déclaration du capitaine ne sont pas payés s'ils sont jetés, ils contribuent s'ils sont sauvés.

421. Les effets chargés sur le tillac du navire contribuent s'ils sont sauvés. — S'ils sont jetés, ou endommagés par le jet, le propriétaire n'est point admis à former une demande en contribution : il ne peut exercer son recours que contre le capitaine.

422. Il n'y a lieu à contribution pour raison du dommage arrivé au navire, que dans le cas où le dommage a été fait pour faciliter le jet.

423. Si le jet ne sauve le navire, il n'y a lieu à aucune contribution. — Les marchandises sauvées ne sont point tenues du payement ni du dé-

ARRÊTS ET JURISPRUDENCE DE LA COUR DE CASSATION.	ARRÊTS ET JURISPRUDENCE DE LA COUR IMPÉRIALE DU RESSORT.

JUGEMENTS ET JURISPRUDENCE DU TRIBUNAL CIVIL DU RESSORT.

OBSERVATIONS DIVERSES.

dommagement de celles qui ont été jetées ou endommagées.

424. Si le jet sauve le navire, et si le navire, en continuant sa route, vient à se perdre, — Les effets sauvés contribuent au jet sur le pied de leur valeur en l'état où ils se trouvent, déduction faite des frais de sauvetage.

425. Les effets jetés ne contribuent en aucun cas au payement des dommages arrivés, depuis le jet, aux marchandises sauvées. — Les marchandises ne contribuent point au payement du navire perdu, ou réduit à l'état d'innavigabilité.

426. Si, en vertu d'une délibération, le navire a été ouvert pour en extraire les marchandises, elles contribuent à la réparation du dommage causé au navire.

427. En cas de perte des marchandises mises dans les barques pour alléger le navire entrant dans un port ou une rivière, la répartition en est faite sur le navire et son chargement en entier. — Si le navire périt avec le reste de son chargement, il n'est fait aucune répartition sur les marchandises mises dans les allèges, quoiqu'elles arrivent à bon port.

428. Dans tous les cas ci-dessus exprimés, le capitaine et l'équipage sont privilégiés sur les marchandises ou le prix en provenant pour le montant de la contribution.

429. Si, depuis la répartition, les effets jetés sont recouvrés par les propriétaires, ils sont tenus de rapporter au capitaine et aux intéressés ce qu'ils ont reçu dans la contribution, déduction faite des dommages causés par le jet et des frais de recouvrement.

TITRE TREIZIÈME.

DES PRESCRIPTIONS.

430. Le capitaine ne peut acquérir la propriété du navire par voie de prescription.

431. L'action en délaissement est prescrite dans les délais exprimés par l'article 373.

432. Toute action dérivant d'un contrat à la grosse, ou d'une police d'assurance, est prescrite après cinq ans, à compter de la date du contrat.

433. Sont prescrites — Toutes actions en payement pour fret de navire, gages et loyers des officiers, matelots et autres gens de l'équipage, un an après le voyage fini; — Pour nourriture fournie aux matelots par l'ordre du capitaine, un an après la livraison; — Pour fournitures de bois et autres choses nécessaires aux constructions, équipement et avitaillement du navire, un an après ces fournitures faites; —Pour salaires d'ouvriers, et pour ouvrages faits, un an après la réception des ouvrages; — Toute demande en délivrance de marchandises, un an après l'arrivée du navire.

434. La prescription ne peut avoir lieu, s'il y a cédule, obligation, arrêté de compte ou interpellation judiciaire.

TITRE QUATORZIÈME.

FINS DE NON-RECEVOIR.

435. Sont non recevables — Toutes actions contre le capitaine et les assureurs, pour dommage arrivé à la marchandise, si elle a été reçue sans prostestation; — Toutes actions contre l'affréteur pour avaries, si le capitaine a livré les marchandises et reçu son fret sans avoir protesté; — Toutes actions en indemnité pour dommages causés par l'abordage dans un lieu où le capitaine a pu agir, s'il n'a point fait de réclamation.

436. Ces protestations et réclamations sont nulles, si elles ne sont faites et signifiées dans les vingt-quatre heures, et si, dans le mois de leur date, elles ne sont suivies d'une demande en justice.

EXTRAITS DES CODES ANNOTÉS DE SIREY ET AUTRES AUTEURS.

ARRÊTS ET JURISPRUDENCE DE LA COUR
DE CASSATION.

ARRÊTS ET JURISPRUDENCE DE LA COUR IMPÉRIALE
DU RESSORT.

JUGEMENTS ET JURISPRUDENCE DU TRIBUNAL CIVIL DU RESSORT.

OBSERVATIONS DIVERSES.

LIVRE TROISIÈME.

Des faillites et banqueroutes.

(Loi du 28 mai 1838. Promulguée le 8 juin.)

Le livre III du Code de commerce sur les faillites et banqueroutes, ainsi que les articles 69 et 635 du même Code, seront remplacés par les dispositions suivantes. Néanmoins les faillites déclarées antérieurement à la promulgation de la présente loi continueront à être régies par les anciennes dispositions du Code de commerce, sauf en ce qui concerne la réhabilitation et l'application des articles 527 et 528.

TITRE PREMIER.

DE LA FAILLITE.

DISPOSITIONS GÉNÉRALES.

437. Tout commerçant qui cesse ses payements est en état de faillite. — La faillite d'un commerçant peut être déclarée après son décès, lorsqu'il est mort en état de cessation de payements. — La déclaration de la faillite ne pourra être soit prononcée d'office, soit demandée par les créanciers, que dans l'année qui suivra le décès.

CHAP. I. — DE LA DÉCLARATION DE FAILLITE ET DE SES EFFETS.

438. Tout failli sera tenu, dans les trois jours de la cessation de ses payements, d'en faire la déclaration au greffe du tribunal de commerce de son domicile. Le jour de la cessation de payement sera compris dans les trois jours. — En cas de faillite d'une société en nom collectif, la déclaration contiendra le nom et l'indication du domicile de chacun des associés solidaires. Elle sera faite au greffe du tribunal dans le ressort duquel se trouve le siége du principal établissement de la société.

439. La déclaration du failli devra être accompagnée du dépôt du bilan, ou contenir l'indication des motifs qui empêcheraient le failli de le déposer. Le bilan contiendra l'énumération et l'évaluation de tous les biens mobiliers et immobiliers du débiteur, l'état des dettes actives et passives, le tableau des profits et pertes, le tableau des dépenses; il devra être certifié véritable, daté et signé par le débiteur.

440. La faillite est déclarée par jugement du tribunal de commerce, rendu, soit sur la déclaration du failli, soit à la requête d'un ou de plusieurs créanciers, soit d'office. Ce jugement sera exécutoire provisoirement.

441. Par le jugement déclaratif de la faillite, ou par jugement ultérieur rendu sur le rapport du juge-commissaire, le tribunal déterminera, soit d'office, soit sur la poursuite de toute partie intéressée, l'époque à laquelle a eu lieu la cessation de payements. A défaut de détermination spéciale, la cessation de payements sera réputée avoir lieu à partir du jugement déclaratif de la faillite.

442. Les jugements rendus en vertu des deux articles précédents seront affichés et insérés par extrait dans les journaux, tant du lieu où la faillite aura été déclarée que de tous les lieux où le failli aura des établissements commerciaux, suivant le mode établi par l'article 42 du présent Code.

443. Le jugement déclaratif de la faillite emporte de plein droit, à partir de sa date, dessaisissement, pour le failli, de l'administration de tous ses biens, même de ceux qui peuvent lui échoir tant qu'il est en état de faillite. — A partir de ce jugement, toute action mobilière ou immobilière ne pourra être suivie ou intentée que contre les syndics. — Il en sera de même de toute voie d'exécution tant sur les meubles que sur les immeubles. — Le tribunal, lorsqu'il le jugera convenable, pourra recevoir le failli partie intervenante.

444. Le jugement déclaratif de faillite rend exigibles, à l'égard du failli, les dettes passives non échues. — En cas de faillite du souscripteur d'un billet à ordre, de l'accepteur d'une lettre de change ou du tireur à défaut d'acceptation, les autres obligés seront tenus de donner caution pour le payement à l'échéance, s'ils n'aiment mieux payer immédiatement.

445. Le jugement déclaratif de faillite arrête, à l'égard de la masse seulement, le cours des intérêts de toute créance non garantie par un privilége, par un nantissement ou par une hypothèque. — Les intérêts des créances garanties ne pourront être réclamés que sur les sommes provenant des biens affectés au privilége, à l'hypothèque ou au nantissement.

446. Sont nuls et sans effet, relativement à la masse, lorsqu'ils auront été faits par le débiteur depuis l'époque déterminée par le tribunal comme étant celle de la cessation de ses payements, ou dans les dix jours qui auront précédé cette époque; — Tous actes translatifs de propriétés mobilières ou immobilières à titre gratuit; — Tous payements, soit en espèces, soit par transport, vente, compensation ou autrement, pour dettes non échues, et pour dettes échues, tous payements faits autrement qu'en espèces ou effets de commerce; — Toute hypothèque conventionnelle ou judiciaire, et tous droits d'antichrèse ou de nantissement constitués sur les biens du débiteur pour dettes antérieurement contractées.

447. Tous autres payements faits par le débiteur pour dettes échues, et tous autres actes à titre onéreux par lui passés après la cessation de ses payements et avant le jugement déclaratif

ARRÊTS ET JURISPRUDENCE DE LA COUR DE CASSATION.	ARRÊTS ET JURISPRUDENCE DE LA COUR IMPÉRIALE DU RESSORT.

JUGEMENTS ET JURISPRUDENCE DU TRIBUNAL CIVIL DU RESSORT.

OBSERVATIONS DIVERSES.

de faillite, pourront être annulés si, de la part de ceux qui ont reçu du débiteur ou qui ont traité avec lui, ils ont eu lieu avec connaissance de la cessation de ses payements.

448. Les droits d'hypothèque et de privilége valablement acquis pourront être inscrits jusqu'au jour du jugement déclaratif de la faillite. — Néanmoins les inscriptions prises après l'époque de la cessation de payements, ou dans les dix jours qui précèdent, pourront être déclarées nulles, s'il s'est écoulé plus de quinze jours entre la date de l'acte constitutif de l'hypothèque ou du privilége et celle de l'inscription. — Ce délai sera augmenté d'un jour à raison de cinq myriamètres de distance entre le lieu où le droit d'hypothèque aura été acquis et le lieu où l'inscription sera prise.

449. Dans le cas où des lettres de change auraient été payées après l'époque fixée comme étant celle de la cessation de payements et avant le jugement déclaratif de faillite, l'action en rapport ne pourra être intentée que contre celui pour compte duquel la lettre de change aura été fournie. — S'il s'agit d'un billet à ordre, l'action ne pourra être exercée que contre le premier endosseur. — Dans l'un et l'autre cas, la preuve que celui à qui on demande le rapport avait connaissance de la cessation de payements à l'époque de l'émission du titre devra être fournie.

450. Toutes voies d'exécution pour parvenir au payement des loyers sur les effets mobiliers servant à l'exploitation du commerce du failli seront suspendues pendant trente jours, à partir du jugement déclaratif de faillite, sans préjudice de toutes mesures conservatoires, et du droit qui sera acquis au propriétaire de reprendre possession des lieux loués. — Dans ce cas, la suspension des voies d'exécution établie au présent article cessera de plein droit.

CHAP. II. — DE LA NOMINATION DU JUGE-COMMIS-SAIRE.

451. Par le jugement qui déclarera la faillite, le tribunal de commerce désignera l'un de ses membres pour juge-commissaire.

452. Le juge-commissaire sera chargé spécialement d'accélérer et de surveiller les opérations et la gestion de la faillite. Il fera au tribunal de commerce le rapport de toutes les contesta-

tions que la faillite pourra faire naître, et qui seront de la compétence de ce tribunal.

453. Les ordonnances du juge-commissaire ne seront susceptibles de recours que dans les cas prévus par la loi. Ces recours seront portés devant le tribunal de commerce.

454. Le tribunal de commerce pourra, à toutes les époques, remplacer le juge-commissaire de la faillite par un autre de ses membres.

CHAP. III. — DE L'APPOSITION DES SCELLÉS, ET DES PREMIÈRES DISPOSITIONS A L'ÉGARD DE LA PERSONNE DU FAILLI.

455. Par le jugement qui déclarera la faillite, le tribunal ordonnera l'apposition des scellés et le dépôt de la personne du failli dans la maison d'arrêt pour dettes, ou la garde de sa personne par un officier de police ou de justice, ou par un gendarme. — Néanmoins, si le juge-commissaire estime que l'actif du failli peut être inventorié en un seul jour, il ne sera point apposé de scellés, et il devra être immédiatement procédé à l'inventaire. — Il ne pourra, en cet état, être reçu, contre le failli, d'écrou ou recommandation pour aucune espèce de dettes.

456. Lorsque le failli se sera conformé aux articles 438 et 439, et ne sera point, au moment de la déclaration, incarcéré pour dettes ou pour autre cause, le tribunal pourra l'affranchir du dépôt ou de la garde de sa personne. — La disposition du jugement qui affranchirait le failli du dépôt ou de la garde de sa personne pourra toujours, suivant les circonstances, être ultérieurement rapportée par le tribunal de commerce, même d'office.

457. Le greffier du tribunal de commerce adressera, sur-le-champ, au juge de paix, avis de la disposition du jugement qui aura ordonné l'apposition des scellés. — Le juge de paix pourra, même avant ce jugement, apposer les scellés, soit d'office, soit sur la réquisition d'un ou plusieurs créanciers, mais seulement dans le cas de disparition du débiteur ou de détournement de tout ou partie de son actif.

458. Les scellés seront apposés sur les magasins, comptoirs, caisses, portefeuilles, livres, papiers, meubles et effets du failli. — En cas de faillite d'une société en nom collectif, les scellés seront apposés, non-seulement dans le siége principal de la société, mais encore dans le do-

micile séparé de chacun des associés solidaires. — Dans tous les cas, le juge de paix donnera, sans délai, au président du tribunal de commerce, avis de l'apposition des scellés.

459. Le greffier du tribunal de commerce adressera, dans les vingt-quatre heures, au procureur impérial du ressort, extrait des jugements déclaratifs de faillite, mentionnant les principales indications et dispositions qu'ils contiennent.

460. Les dispositions qui ordonneront le dépôt de la personne du failli dans une maison d'arrêt pour dettes, ou la garde de sa personne, seront exécutées à la diligence, soit du ministère public, soit des syndics de la faillite.

461. Lorsque les deniers appartenant à la faillite ne pourront suffire immédiatement aux frais du jugement de déclaration de la faillite, d'affiche et d'insertion de ce jugement dans les journaux, d'apposition des scellés, d'arrestation et d'incarcération du failli, l'avance de ces frais sera faite, sur ordonnance du juge-commissaire, par le trésor public, qui en sera remboursé par privilége sur les premiers recouvrements, sans préjudice du privilége du propriétaire.

CHAP. IV. — DE LA NOMINATION ET DU REMPLACE-MENT DES SYNDICS PROVISOIRES.

462. Par le jugement qui déclarera la faillite, le tribunal de commerce nommera un ou plusieurs syndics provisoires. — Le juge-commissaire convoquera immédiatement les créanciers présumés à se réunir dans un délai qui n'excédera pas quinze jours. Il consultera les créanciers présents à cette réunion, tant sur la composition de l'état des créanciers présumés que sur la nomination de nouveaux syndics. Il sera dressé procès-verbal de leurs dires et observations, lequel sera représenté au tribunal. — Sur le vu de ce procès-verbal et de l'état des créanciers présumés, et sur le rapport du juge-commissaire, le tribunal nommera de nouveaux syndics ou continuera les premiers dans leurs fonctions. — Les syndics ainsi institués sont définitifs; cependant ils peuvent être remplacés par le tribunal de commerce, dans les cas et suivant les formes qui seront déterminés. — Le nombre des syndics pourra être, à toute époque, porté jusqu'à trois; ils pourront être choisis parmi les personnes étrangères à la masse, et recevoir, quelle que soit leur qualité, après avoir rendu compte de

ARRÊTS ET JURISPRUDENCE DE LA COUR DE CASSATION.	ARRÊTS ET JURISPRUDENCE DE LA COUR IMPÉRIALE DU RESSORT.

JUGEMENTS ET JURISPRUDENCE DU TRIBUNAL CIVIL DU RESSORT.

OBSERVATIONS DIVERSES.

leur gestion, une indemnité que le tribunal arbitrera sur le rapport du juge-commissaire.

463. Aucun parent ou allié du failli, jusqu'au quatrième degré inclusivement, ne pourra être nommé syndic.

464. Lorsqu'il y aura lieu de procéder à l'adjonction ou au remplacement d'un ou plusieurs syndics, il en sera référé par le juge-commissaire au tribunal de commerce, qui procédera à la nomination suivant les formes établies par l'article 462.

465. S'il a été nommé plusieurs syndics, ils ne pourront agir que collectivement ; néanmoins, le juge-commissaire peut donner à un ou plusieurs d'entre eux des autorisations spéciales à l'effet de faire séparément certains actes d'administration. Dans ce dernier cas, les syndics autorisés seront seuls responsables.

466. S'il s'élève des réclamations contre quelqu'une des opérations des syndics, le juge-commissaire statuera, dans le délai de trois jours, sauf le recours devant le tribunal de commerce. Les décisions du juge-commissaire sont exécutoires par provision.

467. Le juge-commissaire pourra, soit sur les réclamations à lui adressées par le failli ou par des créanciers, soit même d'office, proposer la révocation d'un ou plusieurs des syndics. — Si, dans les huit jours, le juge-commissaire n'a pas fait droit aux réclamations qui lui ont été adressées, ces réclamations pourront être portées devant le tribunal. — Le tribunal, en chambre du conseil, entendra le rapport du juge-commissaire et les explications des syndics, et prononcera à l'audience sur la révocation.

CHAP. V. — DES FONCTIONS DES SYNDICS.

SECT. I. — *Dispositions générales.*

468. Si l'apposition des scellés n'avait point eu lieu avant la nomination des syndics, ils requerront le juge de paix d'y procéder.

469. Le juge-commissaire pourra également, sur la demande des syndics, les dispenser de faire placer sous les scellés, ou les autoriser à en faire extraire : — 1° Les vêtements, hardes, meubles et effets nécessaires au failli et à sa famille, et dont la délivrance sera autorisée par le juge-commissaire sur l'état que lui en soumettront les syndics ; — 2° Les objets sujets à dépérissement prochain ou à dépréciation imminente ; — 3° Les objets servant à l'exploitation du fonds de commerce, lorsque cette exploitation ne pourrait être interrompue sans préjudice pour les créanciers. — Les objets compris dans les deux paragraphes précédents seront de suite inventoriés avec prisée par les syndics, en présence du juge de paix, qui signera le procès-verbal.

470. La vente des objets sujets à dépérissement ou à dépréciation imminente, ou dispendieux à conserver, et l'exploitation du fonds de commerce, auront lieu à la diligence des syndics, sur l'autorisation du juge-commissaire.

471. Les livres seront extraits des scellés et remis par le juge de paix aux syndics, après avoir été arrêtés par lui ; il constatera sommairement, par son procès-verbal, l'état dans lequel ils se trouveront. — Les effets de portefeuille à courte échéance ou susceptibles d'acceptation, ou pour lesquels il faudra faire des actes conservatoires, seront aussi extraits des scellés par le juge de paix, décrits et remis aux syndics pour en faire le recouvrement. Le bordereau en sera remis au juge-commissaire. — Les autres créances seront recouvrées par les syndics sur leurs quittances. Les lettres adressées au failli seront remises aux syndics, qui les ouvriront, il pourra, s'il est présent, assister à l'ouverture.

472. Le juge-commissaire, d'après l'état apparent des affaires du failli, pourra proposer sa mise en liberté avec sauf-conduit provisoire de sa personne. Si le tribunal accorde le sauf-conduit, il pourra obliger le failli à fournir caution de se représenter, sous peine de payement d'une somme que le tribunal arbitrera, et qui sera dévolue à la masse.

473. A défaut par le juge-commissaire de proposer un sauf-conduit pour le failli, ce dernier pourra présenter sa demande au tribunal de commerce, qui statuera, en audience publique, après avoir entendu le juge-commissaire.

474. Le failli pourra obtenir pour lui et sa famille, sur l'actif de sa faillite, des secours alimentaires qui seront fixés, sur la proposition des syndics, par le juge-commissaire, sauf appel au tribunal, en cas de contestation.

475. Les syndics appelleront le failli auprès d'eux pour clore et arrêter les livres en sa présence. — S'il ne se rend pas à l'invitation, il sera sommé de comparaître dans les quarante-huit heures au plus tard. — Soit qu'il ait ou non obtenu un sauf-conduit, il pourra comparaître par fondé de pouvoirs, s'il justifie de causes d'empêchement reconnues valables par le juge-commissaire.

476. Dans le cas où le bilan n'aurait pas été déposé par le failli, les syndics le dresseront immédiatement à l'aide des livres et papiers du failli et des renseignements qu'ils se procureront, et ils le déposeront au greffe du tribunal de commerce.

477. Le juge-commissaire est autorisé à entendre le failli, ses commis et employés, et toute autre personne, tant sur ce qui concerne la formation du bilan que sur les causes et les circonstances de la faillite.

478. Lorsqu'un commerçant aura été déclaré en faillite après son décès, ou lorsque le failli viendra à décéder après la déclaration de la faillite, sa veuve, ses enfants, ses héritiers, pourront se présenter ou se faire représenter pour le suppléer dans la formation du bilan, ainsi que dans toutes les autres opérations de la faillite.

SECT. II. — *De la levée des scellés et de l'inventaire.*

479. Dans les trois jours, les syndics requerront la levée des scellés, et procéderont à l'inventaire des biens du failli, lequel sera présent ou dûment appelé.

480. L'inventaire sera dressé en double minute par les syndics, à mesure que les scellés seront levés, et en présence du juge de paix qui le signera à chaque vacation. L'une de ces minutes sera déposée au greffe du tribunal de commerce, dans les vingt-quatre heures ; l'autre restera entre les mains des syndics. — Les syndics seront libres de se faire aider, pour sa rédaction comme pour l'estimation des objets, par qui ils jugeront convenable. — Il sera fait récolement des objets qui, conformément à l'article 469, n'auraient pas été mis sous les scellés, et auraient déjà été inventoriés et prisés.

481. En cas de déclaration de faillite après décès, lorsqu'il n'aura point été fait d'inventaire antérieurement à cette déclaration, ou en cas de décès du failli avant l'ouverture de l'inventaire, il y sera procédé immédiatement, dans les formes du précédent article, et en présence des héritiers, ou eux dûment appelés.

EXTRAITS DES CODES ANNOTÉS DE SIREY ET AUTRES AUTEURS.

ARRÊTS ET JURISPRUDENCE DE LA COUR DE CASSATION.	ARRÊTS ET JURISPRUDENCE DE LA COUR IMPÉRIALE DU RESSORT.

JUGEMENTS ET JURISPRUDENCE DU TRIBUNAL CIVIL DU RESSORT.

OBSERVATIONS DIVERSES.

482. En toute faillite, les syndics, dans la quinzaine de leur entrée ou de leur maintien en fonctions, seront tenus de remettre au juge-commissaire un mémoire ou compte sommaire de l'état apparent de la faillite, de ses principales causes et circonstances, et des caractères qu'elle paraît avoir. — Le juge-commissaire transmettra immédiatement les mémoires, avec ses observations, au procureur impérial. S'ils ne lui ont pas été remis dans les délais prescrits, il devra en prévenir le procureur impérial, et lui indiquer les causes du retard.

483. Les officiers du ministère public pourront se transporter au domicile du failli et assister à l'inventaire. — Ils auront, à toute époque, le droit de requérir communication de tous les actes, livres ou papiers relatifs à la faillite.

SECT. III. — *De la vente des marchandises et meubles, et des recouvrements.*

484. L'inventaire terminé, les marchandises, l'argent, les titres actifs, les livres et papiers, meubles et effets du débiteur, seront remis aux syndics, qui s'en chargeront au bas dudit inventaire.

485. Les syndics continueront de procéder, sous la surveillance du juge-commissaire, au recouvrement des dettes actives.

486. Le juge-commissaire pourra, le failli entendu ou dûment appelé, autoriser les syndics à procéder à la vente des effets mobiliers ou marchandises.—Il décidera si la vente se fera soit à l'amiable, soit aux enchères publiques, par l'entremise de courtiers ou de tous autres officiers publics préposés à cet effet. — Les syndics choisiront, dans la classe d'officiers publics déterminée par le juge-commissaire, celui dont ils voudront employer le ministère.

487. Les syndics pourront, avec l'autorisation du juge-commissaire, et le failli dûment appelé, transiger sur toutes contestations qui intéressent la masse, même sur celles qui sont relatives à des droits et actions immobiliers. — Si l'objet de la transaction est d'une valeur indéterminée ou qui excède trois cents francs, la transaction ne sera obligatoire qu'après avoir été homologuée, savoir : par le tribunal de commerce pour les transactions relatives à des droits mobiliers, et par le tribunal civil pour les transactions relatives à des droits immobiliers. — Le failli sera appelé à l'homologation ; il aura,

dans tous les cas, la faculté de s'y opposer. Son opposition suffira pour empêcher la transaction, si elle a pour objet des biens immobiliers.

488. Si le failli a été affranchi du dépôt, ou s'il a obtenu un sauf-conduit, les syndics pourront l'employer pour faciliter et éclairer leur gestion ; le juge-commissaire fixera les conditions de son travail.

489. Les deniers provenant des ventes et des recouvrements seront, sous la déduction des sommes arbitrées par le juge-commissaire, pour le montant des dépenses et frais, versés immédiatement à la caisse des dépôts et consignations. Dans les trois jours des recettes, il sera justifié au juge-commissaire desdits versements ; en cas de retard, les syndics devront les intérêts des sommes qu'ils n'auront point versées. — Les deniers versés par les syndics et tous autres consignés par des tiers, pour compte de la faillite, ne pourront être retirés qu'en vertu d'une ordonnance du juge-commissaire. S'il existe des oppositions, les syndics devront préalablement en obtenir la mainlevée. — Le juge-commissaire pourra ordonner que le versement sera fait par la caisse directement entre les mains des créanciers de la faillite, sur un état de répartition dressé par les syndics et ordonnancé par lui.

SECT. IV. — *Des actes conservatoires.*

490. A compter de leur entrée en fonctions, les syndics seront tenus de faire tous actes pour la conservation des droits du failli contre ses débiteurs.—Ils seront aussi tenus de requérir l'inscription aux hypothèques sur les immeubles des débiteurs du failli, si elle n'a pas été requise par lui ; l'inscription sera prise au nom de la masse par les syndics, qui joindront à leurs bordereaux un certificat constatant leur nomination.—Ils seront tenus aussi de prendre inscription, au nom de la masse des créanciers, sur les immeubles du failli dont ils connaîtront l'existence. L'inscription sera reçue sur un simple bordereau énonçant qu'il y a faillite, et relatant la date du jugement par lequel ils auront été nommés.

SECT. V. — *De la vérification des créances.*

491. A partir du jugement déclaratif de la faillite, les créanciers pourront remettre au greffier leurs titres, avec un bordereau indicatif des sommes par eux réclamées. Le greffier devra en tenir état et en donner récépissé. — Il ne sera

responsable des titres que pendant cinq années, à partir du jour de l'ouverture du procès-verbal de vérification.

492. Les créanciers qui, à l'époque du maintien ou du remplacement des syndics, en exécution du troisième paragraphe de l'article 462, n'auront pas remis leurs titres, seront immédiatement avertis par des insertions dans les journaux et par lettres du greffier, qu'ils doivent se présenter en personne ou par fondés de pouvoirs, dans le délai de vingt jours à partir desdites insertions, aux syndics de la faillite, et leur remettre leurs titres accompagnés d'un bordereau indicatif des sommes par eux réclamées, si mieux ils n'aiment en faire le dépôt au greffe du tribunal de commerce ; il leur en sera donné récépissé. — A l'égard des créanciers domiciliés en France, hors du lieu où siége le tribunal saisi de l'instruction de la faillite, ce délai sera augmenté d'un jour par cinq myriamètres de distance entre le lieu où siége le tribunal et le domicile du créancier.—A l'égard des créanciers domiciliés hors du territoire continental de la France, le délai sera augmenté conformément aux règles de l'article 73 du Code de procédure civile.

493. La vérification des créances commencera dans les trois jours de l'expiration des délais déterminés par les premier et deuxième paragraphes de l'article 492. Elle sera continuée sans interruption. Elle se fera aux lieu, jour et heure indiqués par le juge-commissaire. L'avertissement aux créanciers, ordonné par l'article précédent, contiendra mention de cette indication. Néanmoins les créanciers seront de nouveau convoqués à cet effet, tant par lettres du greffier que par insertions dans les journaux. — Les créances des syndics seront vérifiées par le juge-commissaire ; les autres le seront contradictoirement entre le créancier ou son fondé de pouvoirs et les syndics, en présence du juge-commissaire, qui en dressera procès-verbal.

494. Tout créancier vérifié ou porté au bilan pourra assister à la vérification des créances, et fournir des contredits aux vérifications faites et à faire. Le failli aura le même droit.

495. Le procès-verbal de vérification indiquera le domicile des créanciers et de leurs fondés de pouvoirs. — Il contiendra la description sommaire des titres, mentionnera les surcharges, ratures et interlignes, et exprimera si la créance est admise ou contestée.

EXTRAITS DES CODES ANNOTÉS DE SIREY ET AUTRES AUTEURS.

ARRÊTS ET JURISPRUDENCE DE LA COUR DE CASSATION.	ARRÊTS ET JURISPRUDENCE DE LA COUR IMPÉRIALE DU RESSORT.

JUGEMENTS ET JURISPRUDENCE DU TRIBUNAL CIVIL DU RESSORT.

OBSERVATIONS DIVERSES.

496. Dans tous les cas, le juge-commissaire pourra, même d'office, ordonner la représentation des livres du créancier, ou demander, en vertu d'un compulsoire, qu'il en soit rapporté un extrait fait par les juges du lieu.

497. Si la créance est admise, les syndics signeront, sur chacun des titres, la déclaration suivante : *Admis au passif de la faillite de.........., pour la somme de.......... le.........*—Le juge-commissaire visera la déclaration. — Chaque créancier, dans la huitaine au plus tard, après que sa créance aura été vérifiée, sera tenu d'affirmer, entre les mains du juge-commissaire, que ladite créance est sincère et véritable.

498. Si la créance est contestée, le juge-commissaire pourra, sans qu'il soit besoin de citation, renvoyer à bref délai devant le tribunal de commerce, qui jugera sur son rapport. — Le tribunal de commerce pourra ordonner qu'il soit fait, devant le juge-commissaire, enquête sur les faits, et que les personnes qui pourront fournir des renseignements soient, à cet effet, citées pardevant lui.

499. Lorsque la contestation sur l'admission d'une créance aura été portée devant le tribunal de commerce, ce tribunal, si la cause n'est point en état de recevoir jugement définitif avant l'expiration des délais fixés, à l'égard des personnes domiciliées en France, par les articles 492 et 497, ordonnera, selon les circonstances, qu'il sera sursis ou passé outre à la convocation de l'assemblée pour la formation du concordat. — Si le tribunal ordonne qu'il sera passé outre, il pourra décider, par provision, que le créancier contesté sera admis dans les délibérations pour une somme que le même jugement déterminera.

500. Lorsque la contestation sera portée devant un tribunal civil, le tribunal de commerce décidera s'il sera sursis ou passé outre ; dans ce dernier cas, le tribunal civil saisi de la contestation jugera, à bref délai, sur requête des syndics, signifiée au créancier contesté, et sans autre procédure, si la créance sera admise par provision, et pour quelle somme. — Dans le cas où une créance serait l'objet d'une instruction criminelle ou correctionnelle, le tribunal de commerce pourra également prononcer le sursis ; s'il ordonne de passer outre, il ne pourra accorder l'admission par provision, et le créancier contesté ne pourra prendre part aux opérations de la faillite, tant que les tribunaux compétents n'auront pas statué.

501. Le créancier dont le privilége ou l'hypothèque seulement serait contesté sera admis dans les délibérations de la faillite comme créancier ordinaire.

502. A l'expiration des délais déterminés par les articles 492 et 497, à l'égard des personnes domiciliées en France, il sera passé outre à la formation du concordat et à toutes les opérations de la faillite, sous l'exception portée aux articles 567 et 568 en faveur des créanciers domiciliés hors du territoire continental de la France.

503. A défaut de comparution et affirmation dans les délais qui leur sont applicables, les défaillants connus ou inconnus ne seront pas compris dans les répartitions à faire : toutefois, la voie de l'opposition leur sera ouverte jusqu'à la distribution des deniers inclusivement ; les frais de l'opposition demeureront toujours à leur charge. — Leur opposition ne pourra suspendre l'exécution des répartitions ordonnancées par le juge-commissaire ; mais, s'il est procédé à des répartitions nouvelles avant qu'il ait été statué sur leur opposition, ils seront compris pour la somme qui sera provisoirement déterminée par le tribunal, et qui sera tenue en réserve jusqu'au jugement de leur opposition.—S'ils se font ultérieurement reconnaître créanciers, ils ne pourront rien réclamer sur les répartitions ordonnancées par le juge-commissaire ; mais ils auront le droit de prélever, sur l'actif non encore réparti, les dividendes afférents à leurs créances dans les premières répartitions.

CHAP. VI. — DU CONCORDAT ET DE L'UNION.

SECT. I. — *De la convocation et de l'assemblée des créanciers*

504. Dans les trois jours qui suivront les délais prescrits pour l'affirmation, le juge-commissaire fera convoquer, par le greffier, à l'effet de délibérer sur la formation du concordat, les créanciers dont les créances auront été vérifiées et affirmées, ou admises par provision. Les insertions dans les journaux et les lettres de convocation indiqueront l'objet de l'assemblée.

505. Aux lieu, jour et heure qui seront fixés par le juge-commissaire, l'assemblée se formera sous sa présidence ; les créanciers vérifiés et affirmés, ou admis par provision, s'y présenteront en personne ou par fondés de pouvoirs. — Le failli sera appelé à cette assemblée ; il devra s'y présenter en personne s'il a été dispensé de la mise en dépôt, ou s'il a obtenu un sauf-conduit, et il ne pourra s'y faire représenter que pour des motifs valables et approuvés par le juge-commissaire.

506. Les syndics feront à l'assemblée un rapport sur l'état de la faillite, sur les formalités qui auront été remplies et les opérations qui auront eu lieu ; le failli sera entendu. — Le rapport des syndics sera remis, signé d'eux, au juge-commissaire, qui dressera procès-verbal de ce qui aura été dit et décidé dans l'assemblée.

SECT. II. — *Du concordat.*

§ 1. — De la formation du concordat.

507. Il ne pourra être consenti de traité entre les créanciers délibérants et le débiteur failli, qu'après l'accomplissement des formalités ci-dessus prescrites. — Ce traité ne s'établira que par le concours d'un nombre de créanciers formant la majorité, et représentant, en outre, les trois quarts de la totalité des créances vérifiées et affirmées, ou admises par provision, conformément à la section v du chapitre V (art. 491 à 503) : le tout à peine de nullité.

508. Les créanciers hypothécaires inscrits ou dispensés d'inscription, et les créanciers privilégiés ou nantis d'un gage, n'auront pas voix dans les opérations relatives au concordat pour lesdites créances, et elles n'y seront comptées que s'ils renoncent à leurs hypothèques, gages ou priviléges. — Le vote au concordat emportera de plein droit cette renonciation.

509. Le concordat sera, à peine de nullité, signé séance tenante. S'il est consenti seulement par la majorité en nombre, ou par la majorité des trois quarts en somme, la délibération sera remise à huitaine pour tout délai ; dans ce cas, les résolutions prises et les adhésions données, lors de la première assemblée, demeureront sans effet.

510. Si le failli a été condamné comme banqueroutier frauduleux, le concordat ne pourra être formé. — Lorsqu'une instruction en banqueroute frauduleuse aura été commencée, les créanciers seront convoqués à l'effet de décider s'ils

<table>
<tr><td>ARRÊTS ET JURISPRUDENCE DE LA COUR
DE CASSATION.</td><td>ARRÊTS ET JURISPRUDENCE DE LA COUR IMPÉRIALE
DU RESSORT.</td></tr>
</table>

JUGEMENTS ET JURISPRUDENCE DU TRIBUNAL CIVIL DU RESSORT.

OBSERVATIONS DIVERSES.

se réservent de délibérer sur un concordat, en cas d'acquittement, et si, en conséquence, ils surseoient à statuer jusqu'après l'issue des poursuites. — Ce sursis ne pourra être prononcé qu'à la majorité en nombre et en somme, déterminée par l'article 507. Si, à l'expiration du sursis, il y a lieu à délibérer sur le concordat, les règles établies par le précédent article seront applicables aux nouvelles délibérations.

511. Si le failli a été condamné comme banqueroutier simple, le concordat pourra être formé. Néanmoins, en cas de poursuites commencées, les créanciers pourront surseoir à délibérer jusqu'après l'issue des poursuites, en se conformant aux dispositions de l'article précédent.

512. Tous les créanciers ayant eu droit de concourir au concordat, ou dont les droits auront été reconnus depuis, pourront y former opposition. — L'opposition sera motivée et devra être signifiée aux syndics et au failli, à peine de nullité, dans les huit jours qui suivront le concordat; elle contiendra assignation à la première audience du tribunal de commerce. — S'il n'a été nommé qu'un seul syndic et s'il se rend opposant au concordat, il devra provoquer la nomination d'un nouveau syndic, vis-à-vis duquel il sera tenu de remplir les formes prescrites au présent article. — Si le jugement de l'opposition est subordonné à la solution de questions étrangères, à raison de la matière, à la compétence du tribunal de commerce, ce tribunal surseoira à prononcer jusqu'après la décision de ces questions. — Il fixera un bref délai dans lequel le créancier opposant devra saisir les juges compétents et justifier de ses diligences.

513. L'homologation du concordat sera poursuivie devant le tribunal de commerce, à la requête de la partie la plus diligente; le tribunal ne pourra statuer avant l'expiration du délai de huitaine, fixé par l'article précédent. — Si, pendant ce délai, il a été formé des oppositions, le tribunal statuera sur ces oppositions et sur l'homologation par un seul et même jugement. — Si l'opposition est admise, l'annulation du concordat sera prononcée à l'égard de tous les intéressés.

514. Dans tous les cas, avant qu'il soit statué sur l'homologation, le juge-commissaire fera au tribunal de commerce un rapport sur les caractères de la faillite et sur l'admissibilité du concordat.

515. En cas d'inobservation des règles ci-dessus prescrites, ou lorsque des motifs tirés, soit de l'intérêt public, soit de l'intérêt des créanciers, paraîtront de nature à empêcher le concordat, le tribunal en refusera l'homologation.

§ 2. — Des effets du concordat.

516. L'homologation du concordat le rendra obligatoire pour tous les créanciers portés ou non portés au bilan, vérifiés ou non vérifiés, et même pour les créanciers domiciliés hors du territoire continental de la France, ainsi que pour ceux qui, en vertu des articles 499 et 500, auraient été admis par provision à délibérer, quelle que soit la somme que le jugement définitif leur attribuerait ultérieurement.

517. L'homologation conservera à chacun des créanciers, sur les immeubles du failli, l'hypothèque inscrite en vertu du troisième paragraphe de l'article 490. A cet effet, les syndics feront inscrire aux hypothèques le jugement d'homologation, à moins qu'il n'en ait été décidé autrement par le concordat.

518. Aucune action en nullité du concordat ne sera recevable après l'homologation, que pour cause de dol découvert depuis cette homologation, et résultant soit de la dissimulation de l'actif, soit de l'exagération du passif.

519. Aussitôt après que le jugement d'homologation sera passé en force de chose jugée, les fonctions des syndics cesseront. — Les syndics rendront au failli leur compte définitif, en présence du juge-commissaire; ce compte sera débattu et arrêté. Ils remettront au failli l'universalité de ses biens, livres, papiers et effets. Le failli en donnera décharge. — Il sera dressé de tout procès-verbal par le juge-commissaire, dont les fonctions cesseront. — En cas de contestation, le tribunal de commerce prononcera.

§ 3. — De l'annulation et de la résolution du concordat.

520. L'annulation du concordat, soit pour dol, soit par suite de condamnation pour banqueroute frauduleuse, intervenue après son homologation, libère de plein droit les cautions. — En cas d'inexécution, par le failli, des conditions de son concordat, la résolution de ce traité pourra être poursuivie contre lui devant le tribunal de commerce, en présence des cautions, s'il en existe, ou elles dûment appelées. — La résolution du concordat ne libérera pas les cautions qui y seront intervenues pour en garantir l'exécution totale ou partielle.

521. Lorsque, après l'homologation du concordat, le failli sera poursuivi pour banqueroute frauduleuse, et placé sous mandat de dépôt ou d'arrêt, le tribunal de commerce pourra prescrire telles mesures conservatoires qu'il appartiendra. Ces mesures cesseront de plein droit du jour de la déclaration qu'il n'y a lieu à suivre, de l'ordonnance d'acquittement ou de l'arrêt d'absolution.

522. Sur le vu de l'arrêt de condamnation pour banqueroute frauduleuse, ou par le jugement qui prononcera, soit l'annulation, soit la résolution du concordat, le tribunal de commerce nommera un juge-commissaire et un ou plusieurs syndics. — Ces syndics pourront faire apposer les scellés. — Ils procéderont, sans retard, avec l'assistance du juge de paix, sur l'ancien inventaire, au récolement des valeurs, actions et des papiers, et procéderont, s'il y a lieu, à un supplément d'inventaire. — Ils dresseront un bilan supplémentaire. — Ils feront immédiatement afficher et insérer dans les journaux à ce destinés, avec un extrait du jugement qui les nomme, invitation aux créanciers nouveaux, s'il en existe, de produire, dans le délai de vingt jours, leurs titres de créances à la vérification. Cette invitation sera faite aussi par lettres du greffier, conformément aux articles 472 et 493.

523. Il sera procédé, sans retard, à la vérification des titres de créances produits en vertu de l'article précédent. — Il n'y aura pas lieu à nouvelle vérification des créances antérieurement admises et affirmées, sans préjudice néanmoins du rejet ou de la réduction de celles qui depuis auraient été payées en tout ou en partie.

524. Ces opérations mises à fin, s'il n'intervient pas de nouveau concordat, les créanciers seront convoqués à l'effet de donner leur avis sur le maintien ou le remplacement des syndics. — Il ne sera procédé aux répartitions qu'après l'expiration, à l'égard des créanciers nouveaux, des délais accordés aux personnes domiciliées en France par les articles 492 et 497.

525. Les actes faits par le failli postérieure-

ARRÊTS ET JURISPRUDENCE DE LA COUR DE CASSATION.	ARRÊTS ET JURISPRUDENCE DE LA COUR IMPÉRIALE DU RESSORT.

JUGEMENTS ET JURISPRUDENCE DU TRIBUNAL CIVIL DU RESSORT.

OBSERVATIONS DIVERSES.

ment au jugement d'homologation, et antérieurement à l'annulation ou à la résolution du concordat, ne seront annulés qu'en cas de fraude aux droits des créanciers.

526. Les créanciers antérieurs au concordat rentreront dans l'intégralité de leurs droits à l'égard du failli seulement; mais ils ne pourront figurer dans la masse que pour les proportions suivantes, savoir : —S'ils n'ont touché aucune part du dividende, pour l'intégralité de leurs créances : s'ils ont reçu une partie du dividende, pour la portion de leurs créances primitives correspondante à la portion du dividende promis qu'ils n'auront pas touchée. — Les dispositions du présent article seront applicables au cas où une seconde faillite viendra à s'ouvrir sans qu'il y ait eu préalablement annulation ou résolution du concordat.

SECT. III. — *De la clôture en cas d'insuffisance de l'actif.*

527. Si, à quelque époque que ce soit avant l'homologation du concordat ou la formation de l'union, le cours des opérations de la faillite se trouve arrêté par insuffisance de l'actif, le tribunal de commerce pourra, sur le rapport du juge-commissaire, prononcer, même d'office, la clôture des opérations de la faillite. — Ce jugement fera rentrer chaque créancier dans l'exercice de ses actions individuelles, tant contre les biens que contre la personne du failli. — Pendant un mois, à partir de sa date, l'exécution de ce jugement sera suspendue.

528. Le failli, ou tout autre intéressé, pourra, à toute époque, le faire rapporter par le tribunal en justifiant qu'il existe des fonds pour faire face aux frais des opérations de la faillite, ou en faisant consigner entre les mains des syndics somme suffisante pour y pourvoir.— Dans tous les cas, les frais des poursuites exercées en vertu de l'article précédent devront être préalablement acquittés.

SECT. IV. — *De l'union des créanciers.*

529. S'il n'intervient point de concordat, les créanciers seront de plein droit en état d'union. — Le juge-commissaire les consultera immédiatement, tant sur les faits de la gestion que sur l'utilité du maintien ou du remplacement des syndics. Les créanciers privilégiés, hypothécaires ou nantis d'un gage, seront admis à cette délibé-

ration. — Il sera dressé procès-verbal des dires et observations des créanciers, et, sur le vu de cette pièce, le tribunal de commerce statuera comme il est dit à l'article 462. — Les syndics qui ne seraient pas maintenus devront rendre leur compte aux nouveaux syndics, en présence du juge-commissaire, le failli dûment appelé.

530. Les créanciers seront consultés sur la question de savoir si un secours pourra être accordé au failli sur l'actif de la faillite. — Lorsque la majorité des créanciers présents y aura consenti, une somme pourra être accordée au failli à titre de secours sur l'actif de la faillite. Les syndics en proposeront la quotité, qui sera fixée par le juge commissaire, sauf recours au tribunal de commerce, de la part des syndics seulement.

531. Lorsqu'une société de commerce sera en faillite, les créanciers pourront ne consentir de concordat qu'en faveur d'un ou de plusieurs des associés. — En ce cas, tout l'actif social demeurera sous le régime de l'union. Les biens personnels de ceux avec lesquels le concordat aura été consenti en seront exclus, et le traité particulier passé avec eux ne pourra contenir l'engagement de payer un dividende que sur des valeurs étrangères à l'actif social. — L'associé qui aura obtenu un concordat particulier sera déchargé de toute solidarité.

532. Les syndics représentent la masse des créanciers et sont chargés de procéder à la liquidation. — Néanmoins les créanciers pourront leur donner mandat pour continuer l'exploitation de l'actif. — La délibération qui leur conférera ce mandat en déterminera la durée et l'étendue, et fixera les sommes qu'ils pourront garder entre leurs mains, à l'effet de pourvoir aux frais et dépenses. Elle ne pourra être prise qu'en présence du juge-commissaire, et à la majorité des trois quarts des créanciers en nombre et en somme. — La voie de l'opposition sera ouverte, contre cette délibération, au failli et aux créanciers dissidents. — Cette opposition ne sera pas suspensive de l'exécution.

533. Lorsque les opérations des syndics entraîneront des engagements qui excéderaient l'actif de l'union, les créanciers qui auront autorisé ces opérations seront seuls tenus personnellement au delà de leur part dans l'actif, mais seulement dans les limites du mandat qu'ils

auront donné; ils contribueront au prorata de leurs créances.

534. Les syndics sont chargés de poursuivre la vente des immeubles, marchandises et effets mobiliers du failli, et la liquidation de ses dettes actives et passives : le tout sous la surveillance du juge-commissaire, et sans qu'il soit besoin d'appeler le failli.

535. Les syndics pourront, en se conformant aux règles prescrites par l'article 487, transiger sur toute espèce de droits appartenant au failli, nonobstant toute opposition de sa part.

536. Les créanciers en état d'union seront convoqués au moins une fois dans la première année; et, s'il y a lieu, dans les années suivantes, par le juge commissaire. — Dans ces assemblées, les syndics devront rendre compte de leur gestion. — Ils seront continués ou remplacés dans l'exercice de leurs fonctions, suivant les formes prescrites par les articles 462 et 529.

537. Lorsque la liquidation de la faillite sera terminée, les créanciers seront convoqués par le juge-commissaire. — Dans cette dernière assemblée, les syndics rendront leur compte. Le failli sera présent ou dûment appelé.—Les créanciers donneront leur avis sur l'excusabilité du failli. Il sera dressé, à cet effet, un procès-verbal dans lequel chacun des créanciers pourra consigner ses dires et observations. — Après la clôture de cette assemblée, l'union sera dissoute de plein droit.

538. Le juge-commissaire présentera au tribunal la délibération des créanciers relative à l'excusabilité du failli, et un rapport sur les caractères et les circonstances de la faillite. — Le tribunal prononcera si le failli est ou non excusable.

539. Si le failli n'est pas déclaré excusable, les créanciers rentreront dans l'exercice de leurs actions individuelles, tant contre sa personne que sur ses biens.—S'il est déclaré excusable, il demeurera affranchi de la contrainte par corps à l'égard des créanciers de sa faillite, et ne pourra plus être poursuivi par eux que sur ses biens, sauf les exceptions prononcées par les lois spéciales.

540. Ne pourront être déclarés excusables, les banqueroutiers frauduleux, les stellionataires, les personnes condamnées pour vol, escroquerie

---

ARRÊTS ET JURISPRUDENCE DE LA COUR DE CASSATION.	ARRÊTS ET JURISPRUDENCE DE LA COUR IMPÉRIALE DU RESSORT.

JUGEMENTS ET JURISPRUDENCE DU TRIBUNAL CIVIL DU RESSORT.

OBSERVATIONS DIVERSES.

ou abus de confiance, les comptables de deniers publics.

541. Aucun débiteur commerçant ne sera recevable à demander son admission au bénéfice de cession de biens.

CHAP. VII. — DES DIFFÉRENTES ESPÈCES DE CRÉANCIERS, ET DE LEURS DROITS EN CAS DE FAILLITE.

SECT. I. — *Des coobligés et des cautions.*

542. Le créancier porteur d'engagements souscrits, endossés ou garantis solidairement par le failli et d'autres coobligés qui sont en faillite, participera aux distributions de toutes les masses, et y figurera pour la valeur nominale de son titre jusqu'à parfait payement.

543. Aucun recours, pour raison des dividendes payés, n'est ouvert aux faillites des coobligés les unes contre les autres, si ce n'est lorsque la réunion des dividendes que donneraient ces faillites excéderait le montant total de la créance, en principal et accessoires ; auquel cas, cet excédant sera dévolu, suivant l'ordre des engagements, à ceux des coobligés qui auraient les autres pour garants.

544. Si le créancier porteur d'engagements solidaires entre le failli et d'autres coobligés a reçu, avant la faillite, un à-compte sur sa créance, il ne sera compris dans la masse que sous la déduction de cet à-compte, et conservera, pour ce qui lui restera dû, ses droits contre le coobligé ou la caution. — Le coobligé ou la caution qui aura fait le payement partiel sera compris dans la même masse pour tout ce qu'il aura payé à la décharge du failli.

545. Nonobstant le concordat, les créanciers conservent leur action pour la totalité de leur créance contre les coobligés du failli.

SECT. II. — *Des créanciers nantis de gages, et des créanciers privilégiés sur les biens meubles.*

546. Les créanciers du failli qui seront valablement nantis de gages ne seront inscrits dans la masse que pour mémoire.

547. Les syndics pourront, à toute époque, avec l'autorisation du juge-commissaire, retirer les gages au profit de la faillite, en remboursant la dette.

548. Dans le cas où le gage ne sera pas retiré par les syndics, s'il est vendu par le créancier moyennant un prix qui excède la créance, le surplus sera recouvré par les syndics ; si le prix est moindre que la créance, le créancier nanti viendra à contribution pour le surplus, dans la masse, comme créancier ordinaire.

549. Le salaire acquis aux ouvriers employés directement par le failli, pendant le mois qui aura précédé la déclaration de faillite, sera admis au nombre des créances privilégiées, au même rang que le privilége établi par l'article 2101 du Code Napoléon pour le salaire des gens de service. — Les salaires dus aux commis pour les six mois qui auront précédé la déclaration de faillite seront admis au même rang.

550. Le privilége et le droit de revendication, établis par le n° 4 de l'article 2102 du Code Napoléon au profit du vendeur d'effets mobiliers, ne seront point admis en cas de faillite.

551. Les syndics présenteront au juge-commissaire l'état des créanciers se prétendant privilégiés sur les biens meubles, et le juge-commissaire autorisera, s'il y a lieu, le payement de ces créanciers sur les premiers deniers rentrés. — Si le privilége est contesté, le tribunal prononcera.

SECT. III. — *Des droits des créanciers hypothécaires et privilégiés sur les immeubles.*

552. Lorsque la distribution du prix des immeubles sera faite antérieurement à celle du prix des biens meubles, ou simultanément, les créanciers privilégiés ou hypothécaires, non remplis sur le prix des immeubles, concourront, à proportion de ce qui leur restera dû, avec les créanciers chirographaires, sur les deniers appartenant à la masse chirographaire, pourvu toutefois que leurs créances aient été vérifiées et affirmées suivant les formes ci-dessus établies.

553. Si une ou plusieurs distributions des deniers mobiliers précèdent la distribution du prix des immeubles, les créanciers privilégiés et hypothécaires vérifiés et affirmés concourront aux répartitions, dans la proportion de leurs créances totales, et sauf, le cas échéant, les distractions dont il sera parlé ci-après.

554. Après la vente des immeubles et le règlement définitif de l'ordre entre les créanciers hypothécaires et privilégiés, ceux d'entre eux qui viendront en ordre utile sur le prix des immeubles pour la totalité de leur créance ne toucheront le montant de leur collocation hypothécaire que sous la déduction des sommes par eux perçues dans la masse chirographaire. — Les sommes ainsi déduites ne resteront point dans la masse hypothécaire, mais retourneront à la masse chirographaire, au profit de laquelle il en sera fait distraction.

555. A l'égard des créanciers hypothécaires qui ne seront colloqués que partiellement dans la distribution du prix des immeubles, il sera procédé comme il suit : leurs droits sur la masse chirographaire seront définitivement réglés d'après les sommes dont ils resteront créanciers après leur collocation immobilière ; et les deniers qu'ils auront touchés au delà de cette proportion, dans la distribution antérieure, leur seront retenus sur le montant de leur collocation hypothécaire, et reversés dans la masse chirographaire.

556. Les créanciers qui ne viennent point en ordre utile seront considérés comme chirographaires, et soumis comme tels aux effets du concordat et de toutes les opérations de la masse chirographaire.

SECT. IV. — *Des droits des femmes.*

557. En cas de faillite du mari, la femme, dont les apports en immeubles ne se trouveraient pas mis en communauté, reprendra en nature lesdits immeubles et ceux qui lui seront survenus par succession ou par donation entre-vifs ou testamentaire.

558. La femme reprendra pareillement les immeubles acquis par elle et en son nom des deniers provenant desdites successions et donations, pourvu que la déclaration d'emploi soit expressément stipulée au contrat d'acquisition, et que l'origine des deniers soit constatée par inventaire ou par tout autre acte authentique.

559. Sous quelque régime qu'ait été formé le contrat de mariage, hors le cas prévu par l'article précédent, la présomption légale est que les biens acquis par la femme du failli appartiennent à son mari, ont été payés de ses deniers, et doivent être réunis à la masse de son actif, sauf à la femme à fournir la preuve du contraire.

<table>
<tr><td>ARRÊTS ET JURISPRUDENCE DE LA COUR
DE CASSATION.</td><td>ARRÊTS ET JURISPRUDENCE DE LA COUR IMPÉRIALE
DU RESSORT.</td></tr>
</table>

JUGEMENTS ET JURISPRUDENCE DU TRIBUNAL CIVIL DU RESSORT.

OBSERVATIONS DIVERSES.

560. La femme pourra reprendre en nature les effets mobiliers qu'elle s'est constitués par contrat de mariage, ou qui lui sont advenus par succession, donation entre-vifs ou testamentaire, et qui ne seront pas entrés en communauté, toutes les fois que l'identité en sera prouvée par inventaire ou tout autre acte authentique. — A défaut, par la femme, de faire cette preuve, tous les effets mobiliers, tant à l'usage du mari qu'à celui de la femme, sous quelque régime qu'ait été contracté le mariage, seront requis aux créanciers, sauf aux syndics à lui remettre, avec l'autorisation du juge-commissaire, les habits et linge nécessaires à son usage.

561. L'action en reprise résultant des dispositions des articles 557 et 558 ne sera exercée par la femme qu'à la charge des dettes et hypothèques dont les biens sont légalement grevés, soit que la femme s'y soit obligée volontairement, soit qu'elle y ait été condamnée.

562. Si la femme a payé des dettes pour son mari, la présomption légale est qu'elle l'a fait des deniers de celui-ci, et elle ne pourra, en conséquence, exercer aucune action dans la faillite, sauf la preuve contraire, comme il est dit à l'article 559.

563. Lorsque le mari sera commerçant au moment de la célébration du mariage, ou lorsque, n'ayant pas alors d'autre profession déterminée, il sera devenu commerçant dans l'année, les immeubles qui lui appartiendraient à l'époque de la célébration du mariage, ou qui lui seraient advenus depuis, soit par succession, soit par donation entre-vifs ou testamentaire, seront seuls soumis à l'hypothèque de la femme : 1° pour les deniers et effets mobiliers qu'elle aura apportés en dot, ou qui lui seront advenus depuis le mariage par succession ou donation entre-vifs ou testamentaire, et dont elle prouvera la délivrance ou le payement par acte ayant date certaine; 2° pour le remploi de ses biens aliénés pendant le mariage; 3° pour l'indemnité des dettes par elle contractées avec son mari.

564. La femme dont le mari était commerçant à l'époque de la célébration du mariage, ou dont le mari, n'ayant pas alors d'autre profession déterminée, sera devenu commerçant dans l'année qui suivra cette célébration, ne pourra exercer dans la faillite aucune action à raison des avantages portés au contrat de mariage, et, dans ce cas, les créanciers ne pourront, de leur côté, se prévaloir des avantages faits par la femme au mari dans ce même contrat.

CHAP. VIII. — DE LA RÉPARTITION ENTRE LES CRÉANCIERS ET DE LA LIQUIDATION DU MOBILIER.

565. Le montant de l'actif mobilier, distraction faite des frais et dépenses de l'administration de la faillite, des secours qui auraient été accordés au failli ou à sa famille, et des sommes payées aux créanciers privilégiés, sera réparti entre tous les créanciers, au marc le franc de leurs créances vérifiées et affirmées.

566. A cet effet, les syndics remettront tous les mois au juge-commissaire un état de situation de la faillite et des deniers déposés à la caisse des dépôts et consignations; le juge-commissaire ordonnera, s'il y a lieu, une répartition entre les créanciers, en fixera la quotité, et veillera à ce que tous les créanciers en soient avertis.

567. Il ne sera procédé à aucune répartition entre les créanciers domiciliés en France, qu'après la mise en réserve de la part correspondante aux créances pour lesquelles les créanciers domiciliés hors du territoire continental de la France seront portés sur le bilan. — Lorsque ces créances ne paraîtront pas portées sur le bilan d'une manière exacte, le juge-commissaire pourra décider que la réserve sera augmentée, sauf aux syndics à se pourvoir contre cette décision devant le tribunal de commerce.

568. Cette part sera mise en réserve et demeurera à la caisse des dépôts et consignations jusqu'à l'expiration du délai déterminé par le dernier paragraphe de l'article 492; elle sera répartie entre les créanciers reconnus, si les créanciers domiciliés en pays étranger n'ont pas fait vérifier leurs créances, conformément aux dispositions de la présente loi. — Une pareille réserve sera faite pour raison de créances sur l'admission desquelles il n'aurait pas été statué définitivement.

569. Nul payement ne sera fait par les syndics que sur la représentation du titre constitutif de la créance. — Les syndics mentionneront sur le titre la somme payée par eux ou ordonnancée conformément à l'article 489. — Néanmoins, en cas d'impossibilité de représenter le titre, le juge-commissaire pourra autoriser le payement sur le vu du procès-verbal de vérica-

tion. — Dans tous les cas, le créancier donnera la quittance en marge de l'état de répartition.

570. L'union pourra se faire autoriser par le tribunal de commerce, le failli dûment appelé, à traiter à forfait de tout ou partie des droits et actions dont le recouvrement n'aurait pas été opéré, et à les aliéner : en ce cas, les syndics feront tous les actes nécessaires. — Tout créancier pourra s'adresser au juge-commissaire pour provoquer une délibération de l'union à cet égard.

CHAP. IX. — DE LA VENTE DES IMMEUBLES DU FAILLI.

571. A partir du jugement qui déclarera la faillite, les créanciers ne pourront poursuivre l'expropriation des immeubles sur lesquels ils n'auront pas d'hypothèques.

572. S'il n'y a pas de poursuite en expropriation des immeubles, commencée avant l'époque de l'union, les syndics seuls seront admis à poursuivre la vente; ils seront tenus d'y procéder dans la huitaine, sous l'autorisation du juge-commissaire, suivant les formes prescrites pour la vente des biens des mineurs.

573. La surenchère, après adjudication des immeubles du failli, sur la poursuite des syndics, n'aura lieu qu'aux conditions et dans les formes suivantes : — La surenchère devra être faite dans la quinzaine. — Elle ne pourra être au-dessous du dixième du prix principal de l'adjudication. Elle sera faite au greffe du tribunal civil, suivant les formes prescrites par les articles 710 et 711 du Code de procédure civile; toute personne sera admise à surenchérir. — Toute personne sera également admise à concourir à l'adjudication par suite de surenchère. Cette adjudication demeurera définitive et ne pourra être suivie d'aucune autre surenchère.

CHAP. X. — DE LA REVENDICATION.

574. Pourront être revendiquées, en cas de faillite, les remises en effets de commerce ou autres titres non encore payés, et qui se trouveront en nature dans le portefeuille du failli à l'époque de sa faillite, lorsque ces remises auront été faites par le propriétaire, avec le simple mandat d'en faire le recouvrement et d'en garder

ARRÊTS ET JURISPRUDENCE DE LA COUR DE CASSATION.	ARRÊTS ET JURISPRUDENCE DE LA COUR IMPÉRIALE DU RESSORT.

JUGEMENTS ET JURISPRUDENCE DU TRIBUNAL CIVIL DU RESSORT.

OBSERVATIONS DIVERSES.

la valeur à sa disposition, ou lorsqu'elles auront été, de sa part, spécialement affectées à des payements déterminés.

575. Pourront être également revendiquées, aussi longtemps qu'elles existeront en nature, en tout ou en partie, les marchandises consignées au failli à titre de dépôt, ou pour être vendues pour le compte du propriétaire. — Pourra même être revendiqué le prix ou la partie du prix desdites marchandises qui n'aura été ni payé, ni réglé en valeur, ni compensé en compte courant entre le failli et l'acheteur.

576. Pourront être revendiquées les marchandises expédiées au failli, tant que la tradition n'en aura point été effectuée dans ses magasins, ou dans ceux du commissionnaire chargé de les vendre pour le compte du failli. — Néanmoins la revendication ne sera pas recevable si, avant leur arrivée, les marchandises ont été vendues sans fraude, sur factures et connaissements ou lettres de voiture signés par l'expéditeur. — Le revendiquant sera tenu de rembourser à la masse les à-compte par lui reçus, ainsi que toutes avances faites pour fret ou voiture, commission, assurances ou autres frais, et de payer les sommes qui seraient dues pour mêmes causes.

577. Pourront être retenues par le vendeur les marchandises par lui vendues qui ne seront pas délivrées au failli, ou qui n'auront pas encore été expédiées, soit à lui, soit à un tiers pour son compte.

578. Dans le cas prévu par les deux articles précédents, et sous l'autorisation du juge-commissaire, les syndics auront la faculté d'exiger la livraison des marchandises, en payant au vendeur le prix convenu entre lui et le failli.

579. Les syndics pourront, avec l'approbation du juge-commissaire, admettre les demandes en revendication : s'il y a contestation, le tribunal prononcera, après avoir entendu le juge-commissaire.

CHAP. XI. — DES VOIES DE RECOURS CONTRE LES JUGEMENTS RENDUS EN MATIÈRE DE FAILLITE.

580. Le jugement déclaratif de la faillite, et celui qui fixera à une date antérieure l'époque de la cessation de payements, seront susceptibles d'opposition, de la part du failli, dans la huitaine, et de la part de toute autre partie intéressée,

pendant un mois. Ces délais courront à partir des jours où les formalités de l'affiche et de l'insertion énoncées dans l'article 442 auront été accomplies.

581. Aucune demande des créanciers tendant à faire fixer la date de la cessation des payements à une époque autre que celle qui résulterait du jugement déclaratif de faillite, ou d'un jugement postérieur, ne sera recevable après l'expiration des délais pour la vérification et l'affirmation des créances. Ces délais expirés, l'époque de la cessation de payements demeurera irrévocablement déterminée à l'égard des créanciers.

582. Le délai d'appel, pour tout jugement rendu en matière de faillite, sera de quinze jours seulement à compter de la signification. — Ce délai sera augmenté à raison d'un jour par cinq myriamètres pour les parties qui seront domiciliées à une distance excédant cinq myriamètres du lieu où siége le tribunal.

583. Ne seront susceptibles ni d'opposition, ni d'appel, ni de recours en cassation : — 1° Les jugements relatifs à la nomination ou au remplacement du juge-commissaire, à la nomination ou à la révocation des syndics ; — 2° Les jugements qui statuent sur les demandes du sauf-conduit et sur celles de secours pour le failli et sa famille ; — 3° Les jugements qui autorisent à vendre les effets ou marchandises appartenant à la faillite ; — 4° Les jugements qui prononcent sursis au concordat, ou admission provisionnelle de créanciers contestés ; — 5° Les jugements par lesquels le tribunal de commerce statue sur les recours formés contre les ordonnances rendues par le juge-commissaire dans les limites de ses attributions.

TITRE DEUXIÈME.

DES BANQUEROUTES.

CHAP. I. — DE LA BANQUEROUTE SIMPLE.

584. Les cas de banqueroute simple seront punis des peines portées au Code pénal, et jugés par les tribunaux de police correctionnelle, sur la poursuite des syndics, de tout créancier, ou du ministère public.

585. Sera déclaré banqueroutier simple tout commerçant failli qui se trouvera dans un des cas suivants : — 1° Si ses dépenses personnelles ou les dépenses de sa maison sont jugées excessives ;

— 2° S'il a consommé de fortes sommes, soit à des opérations de pur hasard, soit à des opérations fictives de bourse ou sur marchandises ; — 3° Si, dans l'intention de retarder sa faillite, il a fait des achats pour revendre au-dessous du cours ; si, dans la même intention, il s'est livré à des emprunts, circulation d'effets ou autres moyens ruineux de se procurer des fonds ; — 4° Si, après cessation de ses payements, il a payé un créancier au préjudice de la masse.

586. Pourra être déclaré banqueroutier simple tout commerçant failli qui se trouvera dans un des cas suivants : — 1° S'il a contracté, pour le compte d'autrui, sans recevoir des valeurs en échange, des engagements jugés trop considérables eu égard à sa situation lorsqu'il les a contractés ; — 2° S'il est de nouveau déclaré en faillite sans avoir satisfait aux obligations d'un précédent concordat ; — 3° Si, étant marié sous le régime dotal, ou séparé de biens, il ne s'est pas conformé aux articles 69 et 70 ; — 4° Si, dans les trois jours de la cessation de ses payements, il n'a pas fait au greffe la déclaration exigée par les articles 438 et 439, ou si cette déclaration ne contient pas les noms de tous les associés solidaires ; — 5° Si, sans empêchement légitime, il ne s'est pas présenté en personne aux syndics dans les cas et dans les délais fixés, ou si, après avoir obtenu un sauf-conduit, il ne s'est pas présenté à justice ; — 6° S'il n'a pas tenu de livres et fait exactement inventaire ; si ses livres ou inventaire sont incomplets ou irrégulièrement tenus, ou s'ils n'offrent pas sa véritable situation active ou passive, sans néanmoins qu'il y ait fraude.

587. Les frais de poursuite en banqueroute simple intentée par le ministère public ne pourront, en aucun cas, être mis à la charge de la masse. — En cas de concordat, le recours du trésor public contre le failli pour ses frais ne pourra être exercé qu'après l'expiration des termes accordés par ce traité.

588. Les frais de poursuite intentée par les syndics, au nom des créanciers, seront supportés, s'il y a acquittement, par la masse, et, s'il y a condamnation, par le trésor public, sauf son recours contre le failli, conformément à l'article précédent.

589. Les syndics ne pourront intenter de poursuite en banqueroute simple, ni se porter partie civile au nom de la masse, qu'après y avoir

ARRÊTS ET JURISPRUDENCE DE LA COUR DE CASSATION.	ARRÊTS ET JURISPRUDENCE DE LA COUR IMPÉRIALE DU RESSORT.

JUGEMENTS ET JURISPRUDENCE DU TRIBUNAL CIVIL DU RESSORT.

OBSERVATIONS DIVERSES.

été autorisés par une délibération prise à la majorité individuelle des créanciers présents.

590. Les frais de poursuite intentée par un créancier seront supportés, s'il y a condamnation, par le trésor public; s'il y a acquittement, par le créancier poursuivant.

CHAP. II. — DE LA BANQUEROUTE FRAUDULEUSE.

591. Sera déclaré banqueroutier frauduleux, et puni des peines portées au Code pénal, tout commerçant failli qui aura soustrait ses livres, détourné ou dissimulé une partie de son actif, ou qui, soit dans ses écritures, soit par des actes publics ou des engagements sous signature privée, soit par son bilan, se sera frauduleusement reconnu débiteur de sommes qu'il ne devait pas.

592. Les frais de poursuite en banqueroute frauduleuse ne pourront, en aucun cas, être mis à la charge de la masse. — Si un ou plusieurs créanciers se sont rendus parties civiles en leur nom personnel, les frais, en cas d'acquittement, demeureront à leur charge.

CHAP. III. — DES CRIMES ET DES DÉLITS COMMIS DANS LES FAILLITES PAR D'AUTRES QUE PAR LES FAILLIS.

593. Seront condamnés aux peines de la banqueroute frauduleuse : — 1° Les individus convaincus d'avoir, dans l'intérêt du failli, soustrait, recélé ou dissimulé tout ou partie de ses biens meubles ou immeubles; le tout sans préjudice des autres cas prévus par l'article 60 du Code pénal. — 2° Les individus convaincus d'avoir frauduleusement présenté dans la faillite et affirmé, soit en leur nom, soit par interposition de personnes, des créances supposées. — 3° Les individus qui, faisant le commerce sous le nom d'autrui ou sous un nom supposé, se seront rendus coupables des faits prévus en l'article 591.

594. Le conjoint, les descendants ou les ascendants du failli, ou ses alliés aux mêmes degrés, qui auraient détourné, diverti ou recélé des effets appartenant à la faillite, sans avoir agi de complicité avec le failli, seront punis des peines du vol.

595. Dans les cas prévus par les articles précédents, la cour ou le tribunal saisis statueront, lors même qu'il y aurait acquittement, 1° d'office sur la réintégration à la masse des créanciers de tous biens, droits ou actions frauduleusement soustraits; 2° sur les dommages-intérêts qui seraient demandés, et que le jugement ou l'arrêt arbitrera.

596. Tout syndic qui se sera rendu coupable de malversation dans sa gestion sera puni correctionnellement des peines portées en l'article 406 du Code pénal.

597. Le créancier qui aura stipulé, soit avec le failli, soit avec toutes autres personnes, des avantages particuliers à raison de son vote dans les délibérations de la faillite, ou qui aura fait un traité particulier duquel résulterait en sa faveur un avantage à la charge de l'actif du failli, sera puni correctionnellement d'un emprisonnement qui ne pourra excéder une année et d'une amende qui ne pourra être au-dessus de deux mille francs. — L'emprisonnement pourra être porté à deux ans, si le créancier est syndic de la faillite.

598. Les conventions seront, en outre, déclarées nulles à l'égard de toutes personnes, et même à l'égard du failli. — Le créancier sera tenu de rapporter à qui de droit les sommes ou valeurs qu'il aura reçues en vertu des conventions annulées.

599. Dans le cas où l'annulation des conventions serait poursuivie par la voie civile, l'action sera portée devant les tribunaux de commerce.

600. Tous arrêts et jugements de condamnation rendus, tant en vertu du présent chapitre que des deux chapitres précédents (art. 584 à 599), seront affichés et publiés suivant les formes établies par l'article 42 du Code de commerce, aux frais des condamnés.

CHAP. IV. — DE L'ADMINISTRATION DES BIENS EN CAS DE BANQUEROUTE.

601. Dans tous les cas de poursuite et de condamnation pour banqueroute simple ou frauduleuse, les actions civiles, autres que celles dont il est parlé dans l'article 595, resteront séparées, et toutes les dispositions relatives aux biens, prescrites pour la faillite, seront exécutées sans qu'elles puissent être attribuées ni évoquées aux tribunaux de police correctionnelle, ni aux cours d'assises.

602. Seront cependant tenus les syndics de la faillite, de remettre au ministère public les pièces, titres, papiers et renseignements qui leur seront demandés.

603. Les pièces, titres et papiers délivrés par les syndics seront, pendant le cours de l'instruction, tenus en état de communication par la voie du greffe; cette communication aura lieu sur la réquisition des syndics, qui pourront y prendre des extraits privés, ou en requérir d'authentiques, qui leur seront expédiés par le greffier. — Les pièces, titres et papiers, dont le dépôt judiciaire n'aurait pas été ordonné, seront, après l'arrêt ou le jugement, remis aux syndics, qui en donneront décharge.

TITRE TROISIÈME.

DE LA RÉHABILITATION.

604. Le failli qui aura intégralement acquitté, en principal, intérêts et frais, toutes les sommes par lui dues, pourra obtenir sa réhabilitation. — Il ne pourra l'obtenir, s'il est l'associé d'une maison de commerce tombée en faillite, qu'après avoir justifié que toutes les dettes de la société ont été intégralement acquittées en principal, intérêts et frais, lors même qu'un concordat particulier lui aurait été consenti.

605. Toute demande en réhabilitation sera adressée à la cour impériale dans le ressort de laquelle le failli sera domicilié. Le demandeur devra joindre à sa requête les quittances et autres pièces justificatives.

606. Le procureur général près la cour impériale, sur la communication qui lui aura été faite de la requête, en adressera des expéditions certifiées de lui au procureur impérial et au président du tribunal de commerce du domicile du demandeur, et si celui-ci a changé de domicile depuis la faillite, au procureur impérial et au président du tribunal de commerce de l'arrondissement où elle a eu lieu, en les chargeant de recueillir tous les renseignements qu'ils pourront se procurer sur la vérité des faits exposés.

607. À cet effet, à la diligence tant du procureur impérial que du président du tribunal de commerce, copie de ladite requête restera affichée pendant un délai de deux mois, tant dans les salles d'audience de chaque tribunal qu'à la Bourse et

<table>
<tr><td align="center">ARRÊTS ET JURISPRUDENCE DE LA COUR
DE CASSATION.</td><td align="center">ARRÊTS ET JURISPRUDENCE DE LA COUR IMPÉRIALE
DU RESSORT.</td></tr>
</table>

JUGEMENTS ET JURISPRUDENCE DU TRIBUNAL CIVIL DU RESSORT.

OBSERVATIONS DIVERSES.

à la maison commune, et sera insérée par extrait dans les papiers publics.

608. Tout créancier qui n'aura pas été payé intégralement de sa créance en principal, intérêts et frais, et toute autre partie intéressée, pourra, pendant la durée de l'affiche, former opposition à la réhabilitation par simple acte au greffe, appuyé des pièces justificatives. Le créancier opposant ne pourra jamais être partie dans la procédure de réhabilitation.

609. Après l'expiration de deux mois, le procureur impérial et le président du tribunal de commerce transmettront, chacun séparément, au procureur général près la cour impériale, les renseignements qu'ils auront recueillis et les oppositions qui auront pu être formées. Ils y joindront leur avis sur la demande.

610. Le procureur général près la cour impériale fera rendre arrêt portant admission ou rejet de la demande en réhabilitation. Si la demande est rejetée, elle ne pourra être reproduite qu'après une année d'intervalle.

611. L'arrêt portant réhabilitation sera transmis aux procureurs impériaux et aux présidents des tribunaux auxquels la demande aura été adressée. Ces tribunaux en feront faire la lecture publique et la transcription sur leurs registres.

612. Ne seront point admis à la réhabilitation les banqueroutiers frauduleux, les personnes condamnées pour vol, escroqueries ou abus de confiance, les stellionataires, ni les tuteurs, administrateurs ou autres comptables qui n'auront pas rendu et soldé leurs comptes. — Pourra être admis à la réhabilitation le banqueroutier simple qui aura subi la peine à laquelle il aura été condamné.

613. Nul commerçant failli ne pourra se présenter à la Bourse, à moins qu'il n'ait obtenu sa réhabilitation.

614. Le failli pourra être réhabilité après sa mort.

EXTRAITS DES CODES ANNOTÉS DE SIREY ET AUTRES AUTEURS.

ARRÊTS ET JURISPRUDENCE DE LA COUR
DE CASSATION.

ARRÊTS ET JURISPRUDENCE DE LA COUR IMPÉRIALE
DU RESSORT.

JUGEMENTS ET JURISPRUDENCE DU TRIBUNAL CIVIL DU RESSORT.

OBSERVATIONS DIVERSES.

LIVRE QUATRIÈME.

De la juridiction commerciale.

(Loi décrétée le 14 septembre 1807. — Promulguée le 24.)

TITRE PREMIER.

DE L'ORGANISATION DES TRIBUNAUX DE COMMERCE.

615. Un règlement d'administration publique déterminera le nombre des tribunaux de commerce et les villes qui seront susceptibles d'en recevoir par l'étendue de leur commerce et de leur industrie.

616. L'arrondissement de chaque tribunal de commerce sera le même que celui du tribunal civil dans le ressort duquel il sera placé ; et, s'il se trouve plusieurs tribunaux de commerce dans le ressort d'un seul tribunal civil, il leur sera assigné des arrondissements particuliers.

617. « Chaque tribunal de commerce sera composé d'un président, de juges et de suppléants. Le nombre des juges ne pourra pas être au-dessous de deux, ni au-dessus de quatorze, non compris le président. Le nombre des suppléants sera proportionné au besoin du service. Un règlement d'administration publique fixera, pour chaque tribunal, le nombre des juges et celui des suppléants. »

618. Les membres des tribunaux de commerce seront élus dans une assemblée composée de commerçants notables, et principalement des chefs des maisons les plus anciennes et les plus recommandables par la probité, l'esprit d'ordre et d'économie.

619. La liste des notables sera dressée, sur tous les commerçants de l'arrondissement, par le préfet, et approuvée par le ministre de l'intérieur : leur nombre ne peut être au-dessous de vingt-cinq dans les villes où la population n'excède pas quinze mille âmes ; dans les autres villes, il doit être augmenté à raison d'un électeur pour mille âmes de population.

620. Tout commerçant pourra être nommé juge ou suppléant, s'il est âgé de trente ans, s'il exerce le commerce avec honneur et distinction depuis cinq ans. Le président devra être âgé de quarante ans, et ne pourra être choisi que parmi les anciens juges, y compris ceux qui ont exercé dans les tribunaux actuels, et même les anciens juges-consuls des marchands.

621. L'élection sera faite au scrutin individuel, à la pluralité absolue des suffrages ; et, lorsqu'il s'agira d'élire le président, l'objet spécial de cette élection sera annoncé avant d'aller au scrutin.

622. A la premier élection, le président, et la moitié des juges et des suppléants dont le tribunal sera composé, seront nommés pour deux ans : la seconde moitié des juges et des suppléants sera nommée pour un an ; aux élections postérieures, toutes les nominations seront faites pour deux ans. — « Tous les membres compris dans une même élection seront soumis simultanément au renouvellement périodique, encore bien que l'institution de l'un ou de plusieurs d'entre eux ait été différée. »

623. « Le président et les juges, sortant d'exercice après deux années, pourront être réélus immédiatement pour deux autres années. Cette nouvelle périodée expirée, ils ne seront éligibles qu'après un an d'intervalle. — Tout membre élu en remplacement d'un autre par suite de décès ou de toute autre cause, ne demeurera en exercice que pendant la durée du mandat confié à son prédécesseur. »

624. Il y aura près de chaque tribunal un greffier et des huissiers nommés par l'Empereur : leurs droits, vacations et devoirs seront fixés par un règlement d'administration publique.

625. Il sera établi, pour la ville de Paris seulement, des gardes du commerce pour l'exécution des jugements emportant la contrainte par corps : la forme de leur organisation et leurs attributions seront déterminées par un règlement particulier.

626. Les jugements, dans les tribunaux de commerce, seront rendus par trois juges au moins ; aucun suppléant ne pourra être appelé que pour compléter ce nombre.

627. Le ministère des avoués est interdit dans les tribunaux de commerce, conformément à l'article 414 du Code de procédure civile ; nul ne pourra plaider pour une partie devant ces tribunaux, si la partie présente à l'audience ne l'autorise, ou s'il n'est muni d'un pouvoir spécial. Ce pouvoir, qui pourra être donné au bas de l'original ou de la copie de l'assignation, sera exhibé au greffier avant l'appel de la cause, et par lui visé sans frais. — « Dans les causes portées devant les tribunaux de commerce, aucun huissier ne pourra ni assister comme conseil, ni représenter les parties en qualité de procureur-fondé, à peine d'une amende de vingt-cinq à cinquante francs, qui sera prononcée, sans appel, par le tribunal, sans préjudice des peines disciplinaires contre les huissiers contrevenants. — Cette disposition n'est pas applicable aux huissiers qui se trouveront dans l'un des cas prévus par l'article 86 du Code de procédure civile. »

628. Les fonctions des juges de commerce sont seulement honorifiques.

629. Ils prêtent serment, avant d'entrer en fonctions, à l'audience de la cour impériale, lorsqu'elle siège dans l'arrondissement communal où le tribunal de commerce est établi : dans le cas contraire, la cour impériale commet, si les juges de commerce le demandent, le tribunal civil de l'arrondissement pour recevoir leur serment, et,

ARRÊTS ET JURISPRUDENCE DE LA COUR DE CASSATION.	ARRÊTS ET JURISPRUDENCE DE LA COUR IMPÉRIALE DU RESSORT.

JUGEMENTS ET JURISPRUDENCE DU TRIBUNAL CIVIL DU RESSORT.

OBSERVATIONS DIVERSES.

dans ce cas, le tribunal en dresse procès-verbal, et l'envoie à la cour impériale, qui en ordonne l'insertion dans ses registres. Ces formalités sont remplies sur les conclusions du ministère public et sans frais.

630. Les tribunaux de commerce sont dans les attributions et sous la surveillace du ministre de la justice.

TITRE DEUXIÈME.

DE LA COMPÉTENCE DES TRIBUNAUX DE COMMERCE.

631. Les tribunaux de commerce connaîtront, — 1° De toutes contestations relatives aux engagements et transactions entre négociants, marchands et banquiers; — 2° Entre toutes personnes, des contestations relatives aux actes de commerce.

632. La loi répute actes de commerce—Tout achat de denrées et marchandises pour les revendre, soit en nature, soit après les avoir travaillées et mises en œuvre, ou même pour en louer simplement l'usage; - Toute entreprise de manufactures, de commission, de transport par terre ou par eau;—Toute entreprise de fournitures, d'agences, bureaux d'affaires, établissements de ventes à l'encan, de spectacles publics; — Toute opération de change, banque et courtage; — Toutes les opérations des banques publiques; — Toutes obligations entre négociants, marchands et banquiers;—Entre toutes personnes, les lettres de change, ou remises d'argent faites de place en place.

633. La loi répute pareillement actes de commerce, — Toute entreprise de construction, et tous achats, ventes et reventes de bâtiments pour la navigation intérieure et extérieure; — Toutes expéditions maritimes; — Tout achat et vente d'agrès, apparaux et avitaillements;—Tout affrétement ou nolissement, emprunt ou prêt à la grosse; toutes assurances et autres contrats concernant le commerce de mer;—Tous accords et conventions pour salaires et loyers d'équipages;—Tous engagements de gens de mer, pour le service de bâtiments de commerce.

634. Les tribunaux de commerce connaîtront également : — 1° Des actions contre les facteurs, commis des marchands ou leurs serviteurs, pour le fait seulement du trafic du marchand auquel ils sont attachés; — 2° Des billets faits par les receveurs, payeurs, percepteurs ou autres comptables de deniers publics.

635. « Les tribunaux de commerce connaîtront de tout ce qui concerne les faillites, conformément à ce qui est prescrit au livre troisième du présent Code » (art. 437 à 614).

636. Lorsque les lettres de change ne seront réputées que simples promesses aux termes de l'article 112, ou lorsque les billets à ordre ne porteront que des signatures d'individus non négociants, et n'auront pas pour occasion des opérations de commerce, trafic, change, banque ou courtage, le tribunal de commerce sera tenu de renvoyer au tribunal civil, s'il en est requis par le défendeur.

637. Lorsque ces lettres de change et ces billets à ordre porteront en même temps des signatures d'individus négociants et d'individus non négociants, le tribunal de commerce en connaîtra; mais il ne pourra prononcer la contrainte par corps contre les individus non négociants, à moins qu'ils ne se soient engagés à l'occasion d'opérations de commerce, trafic, change, banque ou courtage.

638. Ne seront point de la compétence des tribunaux de commerce, les actions intentées contre un propriétaire, cultivateur ou vigneron, pour vente de denrées provenant de son cru, les actions intentées contre un commerçant, pour payement de denrées et marchandises achetées pour son usage particulier. — Néanmoins les billets souscrits par un commerçant seront censés faits pour son commerce, et ceux des receveurs, payeurs, percepteurs ou autres comptables de deniers publics, seront censés faits pour leur gestion, lorsqu'une autre cause n'y sera point énoncée.

639. « Les tribunaux de commerce jugeront en dernier ressort : — 1° Toutes les demandes dans lesquelles les parties justiciables de ces tribunaux, et usant de leurs droits, auront déclaré vouloir être jugées définitivement et sans appel : — 2° Toutes les demandes dont le principal n'excédera pas la valeur de quinze cents francs : — 3° Les demandes reconventionnelles ou en compensation, lors même que, réunies à la demande principale, elles excéderaient quinze cents francs. Si l'une des demandes principales ou reconventionnelles s'élève au-dessus des limites ci-dessus indiquées, le tribunal ne prononcera sur toutes qu'en premier ressort. — Néanmoins, il sera statué en dernier ressort sur les demandes en dommages-intérêts, lorsqu'elles seront fondées exclusivement sur la demande principale elle-même. »

640. Dans les arrondissements où il n'y aura pas de tribunaux de commerce, les juges du tribunal civil exerceront les fonctions et connaîtront des matières attribuées aux juges de commerce par la présente loi.

641. L'instruction, dans ce cas, aura lieu dans la même forme que devant les tribunaux de commerce, et les jugements produiront les mêmes effets.

TITRE TROISIÈME.

DE LA FORME DE PROCÉDER DEVANT LES TRIBUNAUX DE COMMERCE.

642. La forme de procéder devant les tribunaux de commerce sera suivie telle qu'elle a été réglée par le titre XXV du livre II de la 1re partie du Code de procédure civile (art. 414 à 442).

643. Néanmoins, les articles 156, 158 et 159 du même Code, relatifs aux jugements par défaut rendus par les tribunaux inférieurs, seront applicables aux jugements par défaut rendus par les tribunaux de commerce.

644. Les appels des jugements des tribunaux de commerce seront portés par-devant les cours dans le ressort desquelles ces tribunaux sont situés.

TITRE QUATRIÈME.

DE LA FORME DE PROCÉDER DEVANT LES COURS IMPÉRIALES.

645. Le délai pour interjeter appel des jugements des tribunaux de commerce sera de trois mois, à compter du jour de la signification du jugement, pour ceux qui auront été rendus contradictoirement, et du jour de l'expiration du délai de l'opposition, pour ceux qui auront été rendus par défaut : l'appel pourra être interjeté le jour même du jugement.

ARRÊTS ET JURISPRUDENCE DE LA COUR DE CASSATION.	ARRÊTS ET JURISPRUDENCE DE LA COUR IMPÉRIALE DU RESSORT.

JUGEMENTS ET JURISPRUDENCE DU TRIBUNAL CIVIL DU RESSORT.

OBSERVATIONS DIVERSES.

646. « Dans les limites de la compétence fixée par l'article 639 pour le dernier ressort, l'appel ne sera pas reçu, encore que le jugement n'énonce pas qu'il est rendu en dernier ressort, et même quand il énoncerait qu'il est rendu à la charge d'appel. »

647. Les cours impériales ne pourront, en aucun cas, à peine de nullité, et même des dom-mages et intérêts des parties, s'il y a lieu, accorder des défenses ni surseoir à l'exécution des jugements des tribunaux de commerce, quand même ils seraient attaqués d'incompétence; mais elles pourront, suivant l'exigence des cas, accorder la permission de citer extraordinairement à jour et heure fixes, pour plaider sur l'appel.

648. Les appels des jugements des tribunaux de commerce seront instruits et jugés dans les cours, comme appels de jugements rendus en matière sommaire. La procédure, jusques et y compris l'arrêt définitif, sera conforme à celle qui est prescrite pour les causes d'appel en matière civile, au livre III de la 1re partie du Code de procédure civile.

EXTRAITS DES CODES ANNOTÉS DE SIREY ET AUTRES AUTEURS.

ARRÊTS ET JURISPRUDENCE DE LA COUR DE CASSATION.	ARRÊTS ET JURISPRUDENCE DE LA COUR IMPÉRIALE DU RESSORT.

JUGEMENTS ET JURISPRUDENCE DU TRIBUNAL CIVIL DU RESSORT.

OBSERVATIONS DIVERSES.

CODE DE LA CONTRAINTE PAR CORPS.

17-19 avril 1832. — LOI sur la contrainte par corps.

TITRE PREMIER.

DISPOSITIONS RELATIVES A LA CONTRAINTE PAR CORPS EN MATIÈRE DE COMMERCE.

ARTICLE 1er. La contrainte par corps sera prononcée, sauf les exceptions et modifications ci-après, contre toute personne condamnée, pour dettes commerciales, au payement d'une somme principale de deux cents francs et au-dessus.

2. Ne sont point soumis à la contrainte par corps en matière de commerce : — 1° Les femmes et les filles non légalement réputées marchandes publiques ; — 2° Les mineurs non commerçants, ou qui ne sont point réputés majeurs pour fait de leur commerce ; — 3° Les veuves et héritiers des justiciables des tribunaux de commerce assignés devant ces tribunaux en reprise d'instance, ou par action nouvelle, en raison de leur qualité.

3. Les condamnations prononcées par les tribunaux de commerce contre des individus non négociants, pour signatures apposées, soit à des lettres de change réputées simples promesses aux termes de l'article 112 du Code de commerce, soit à des billets à ordre, n'emportent point la contrainte par corps, à moins que ces signatures et engagements n'aient eu pour cause des opérations de commerce, trafic, change, banque ou courtage.

4. La contrainte par corps, en matière de commerce, ne pourra être prononcée contre les débiteurs qui auront commencé leur soixante-dixième année.

5. L'emprisonnement pour dette commerciale cessera de plein droit après un an, lorsque le montant de la condamnation principale ne s'élèvera pas à cinq cents francs ; — Après deux ans, lorsqu'il ne s'élèvera pas à mille francs ;—Après trois ans, lorsqu'il ne s'élèvera pas à trois mille francs ;—Après quatre ans, lorsqu'il ne s'élèvera pas à cinq mille francs ; — Après cinq ans, lorsqu'il sera de cinq mille francs et au-dessus.

6. Il cessera pareillement de plein droit le jour où le débiteur aura commencé sa soixante-dixième année.

TITRE DEUXIÈME.

DISPOSITIONS RELATIVES A LA CONTRAINTE PAR CORPS EN MATIÈRE CIVILE.

SECT. I. — *Contrainte par corps en matière civile ordinaire.*

7. Dans tous les cas où la contrainte par corps a lieu en matière civile ordinaire, la durée en sera fixée par le jugement de condamnation ; elle sera d'un an au moins et de dix ans au plus. — Néanmoins, s'il s'agit de fermages de biens ruraux, aux cas prévus par l'article 2062 du Code civil, ou de l'exécution des condamnations intervenues dans le cas où la contrainte par corps n'est pas obligée, et où la loi attribue seulement aux juges la faculté de la prononcer, la durée de la contrainte ne sera que d'un an au moins et de cinq ans au plus.

SECT. II. — *Contrainte par corps en matière de deniers et effets mobiliers publics.*

8. Sont soumis à la contrainte par corps, pour raison du reliquat de leurs comptes, déficit ou débet, constatés à leur charge, et dont ils ont été déclarés responsables : — 1° Les comptables de deniers publics ou d'effets mobiliers publics et leurs cautions ; — 2° Leurs agents ou préposés, qui ont personnellement géré ou fait la recette ; — 3° Toutes personnes qui ont perçu des deniers publics dont elle n'ont point effectué le versement ou l'emploi, ou qui, ayant reçu des effets mobiliers appartenant à l'État, ne les représentent pas, ou ne justifient pas de l'emploi qui leur avait été prescrit.

9. Sont compris dans les dispositions de l'article précédent, les comptables chargés de la

ARRÊTS ET JURISPRUDENCE DE LA COUR DE CASSATION.	ARRÊTS ET JURISPRUDENCE DE LA COUR IMPÉRIALE DU RESSORT.

JUGEMENTS ET JURISPRUDENCE DU TRIBUNAL CIVIL DU RESSORT.

OBSERVATIONS DIVERSES.

perception des deniers ou de la garde et de l'emploi des effets mobiliers appartenant aux communes, aux hospices et aux établissements publics, ainsi que leurs cautions, et leurs agents et préposés ayant personnellement géré ou fait la recette.

10. Sont également soumis à la contrainte par corps : — 1° Tous entrepreneurs, fournisseurs, soumissionnaires et traitants, qui ont passé des marchés ou traités intéressant l'État, les communes, les établissements de bienfaisance et autres établissements publics, et qui sont déclarés débiteurs par suite de leurs entreprises; — 2° Leurs cautions, ainsi que leurs agents et préposés, qui ont personnellement géré l'entreprise, et toutes personnes déclarées responsables des mêmes services.

11. Seront encore soumis à la contrainte par corps, tous redevables, débiteurs et cautions de droits de douanes, d'octrois et autres contributions indirectes, qui ont obtenu un crédit et qui n'ont pas acquitté à échéance le montant de leurs soumissions ou obligations.

12. La contrainte par corps pourra être prononcée, en vertu des quatre articles précédents, contre les femmes et les filles. — Elle ne pourra l'être contre les septuagénaires.

13. Dans les cas énoncés dans la présente section, la contrainte par corps n'aura jamais lieu que pour une somme principale excédant trois cents francs. — Sa durée sera fixée dans les limites de l'article 7 de la présente loi, paragraphe premier.

TITRE TROISIÈME.

DISPOSITIONS RELATIVES A LA CONTRAINTE PAR CORPS CONTRE LES ÉTRANGERS.

14. Tout jugement qui interviendra au profit d'un Français contre un étranger non domicilié en France emportera la contrainte par corps, à moins que la somme principale de la condamnation ne soit inférieure à cent cinquante francs, sans distinction entre les dettes civiles et les dettes commerciales.

15. Avant le jugement de condamnation, mais après l'échéance ou l'exigibilité de la dette, le président du tribunal de première instance dans l'arrondissement duquel se trouvera l'étranger non domicilié pourra, s'il y a de suffisants motifs, ordonner son arrestation provisoire, sur la requête du créancier français. — Dans ce cas, le créancier sera tenu de se pourvoir en condamnation dans la huitaine de l'arrestation du débiteur; faute de quoi celui-ci pourra demander son élargissement. — La mise en liberté sera prononcée par ordonnance de référé, sur une assignation donnée au créancier par l'huissier que le président aura commis dans l'ordonnance même qui autorisait l'arrestation, et, à défaut de cet huissier, par tel autre qui sera commis spécialement.

16. L'arrestation provisoire n'aura pas lieu ou cessera, si l'étranger justifie qu'il possède sur le territoire français un établissement de commerce ou des immeubles, le tout d'un valeur suffisante pour assurer le payement de la dette; ou s'il fournit pour caution une personne domiciliée en France et reconnue solvable.

17. La contrainte par corps exercée contre un étranger en vertu de jugement pour dette civile ordinaire, ou pour dette commerciale, cessera de plein droit après deux ans, lorsque le montant de la condamnation principale ne s'élèvera pas à cinq cents francs; — Après quatre ans, lorsqu'il ne s'élèvera pas à mille francs; — Après six ans, lorsqu'il ne s'élèvera pas à trois mille francs; — Après huit ans, lorsqu'il ne s'élèvera pas à cinq mille francs; — Après dix ans, lorsqu'il sera de cinq mille francs et au-dessus. — S'il s'agit d'une dette civile pour laquelle un Français serait soumis à la contrainte par corps, les dispositions de l'article 7 seront applicables aux étrangers, sans que toutefois le *minimum* de la contrainte puisse être au-dessous de deux ans.

18. Le débiteur étranger, condamné pour dette commerciale, jouira du bénéfice des articles 4 et 6 de la présente loi. En conséquence, la contrainte par corps ne sera point prononcée contre lui, ou elle cessera dès qu'il aura commencé sa soixante-dixième année. — Il en sera de même à l'égard de l'étranger condamné pour dette civile, le cas de stellionat excepté. — La contrainte par corps ne sera pas prononcée contre les étrangères pour dettes civiles, sauf aussi le cas de stellionat, conformément au premier paragraphe de l'article 2066 du Code civil, qui leur est déclaré applicable.

TITRE QUATRIÈME.

DISPOSITIONS COMMUNES AUX TROIS TITRES PRÉCÉDENTS.

19. La contrainte par corps n'est jamais prononcée contre le débiteur au profit : — 1° De son mari ni de sa femme; — 2° De ses ascendants, descendants, frères ou sœurs, ou alliés au même degré. — Les individus mentionnés dans les deux paragraphes ci-dessus, contre lesquels il serait intervenu des jugements de condamnation par corps, ne pourront être arrêtés en vertu desdits jugements; s'ils sont détenus, leur élargissement aura lieu immédiatement après la promulgation de la présente loi.

20. Dans les affaires où les tribunaux civils ou de commerce statuent en dernier ressort, la disposition de leur jugement relative à la contrainte par corps sera sujette à l'appel; cet appel ne sera pas suspensif.

21. Dans aucun cas, la contrainte par corps ne pourra être exécutée contre le mari et contre la femme simultanément pour la même dette.

22. Tout huissier, garde du commerce ou exécuteur des mandements de justice, qui, lors de l'arrestation d'un débiteur, se refuserait à le conduire en référé devant le président du tribunal de première instance, aux termes de l'article 786 du Code de procédure civile, sera condamné à mille francs d'amende, sans préjudice des dommages-intérêts.

23. Les frais liquidés que le débiteur doit consigner ou payer pour empêcher l'exercice de la contrainte par corps, ou pour obtenir son élargissement, conformément aux articles 798 et 800, paragraphe 2, du Code de procédure, ne seront jamais que les frais de l'instance, ceux de l'expédition et de la signification du jugement et de l'arrêt, s'il y a lieu; ceux enfin de l'exécution relative à la contrainte par corps seulement.

24. Le débiteur, si la contrainte par corps n'a pas été prononcée pour dette commerciale, obtiendra son élargissement en payant ou consignant le tiers du principal de la dette et de ses accessoires, et en donnant pour le surplus une caution acceptée par le créancier, ou reçue par le tribunal civil dans le ressort duquel le débiteur sera détenu.

EXTRAITS DES CODES ANNOTÉS DE SIREY ET AUTRES AUTEURS.

ARRÊTS ET JURISPRUDENCE DE LA COUR DE CASSATION.	ARRÊTS ET JURISPRUDENCE DE LA COUR IMPÉRIALE DU RESSORT.

JUGEMENTS ET JURISPRUDENCE DU TRIBUNAL CIVIL DU RESSORT.

OBSERVATIONS DIVERSES.

25. La caution sera tenue de s'obliger solidairement avec le débiteur à payer, dans un délai qui ne pourra excéder une année, les deux tiers qui resteront dus.

26. A l'expiration du délai prescrit par l'article précédent, le créancier, s'il n'est pas intégralement payé, pourra exercer de nouveau la contrainte par corps contre le débiteur principal, sans préjudice de ses droits contre la caution.

27. Le débiteur qui aura obtenu son élargissement de plein droit après l'expiration des délais fixés par les articles 5, 7, 13 et 17 de la présente loi, ne pourra plus être détenu ou arrêté pour dettes contractées antérieurement à son arrestation et échues au moment de son élargissement, à moins que ces dettes n'entraînent par leur nature et leur quotité une contrainte plus longue que celle qu'il aura subie, et qui, dans ce dernier cas, lui sera toujours comptée pour la durée de la nouvelle incarcération.

28. Un mois après la promulgation de la présente loi, la somme destinée à pourvoir aux aliments des détenus pour dettes devra être consignée d'avance et pour trente jours au moins. — Les consignations pour plus de trente jours ne vaudront qu'autant qu'elles seront d'une seconde ou de plusieurs périodes de trente jours.

29. A compter du même délai d'un mois, la somme destinée aux aliments sera de trente francs à Paris, et de vingt-cinq francs dans les autres villes, pour chaque période de trente jours.

30. En cas d'élargissement faute de consignation d'aliments, il suffira que la requête présentée au président du tribunal civil soit signée par le débiteur détenu et par le gardien de la maison d'arrêt pour dettes, ou même certifiée véritable par le gardien, si le détenu ne sait pas signer. — Cette requête sera présentée en *duplicata*: l'ordonnance du président, aussi rendue par *duplicata*, sera exécutée sur l'une des minutes qui restera entre les mains du gardien; l'autre minute sera déposée au greffe du tribunal, et enregistrée *gratis*.

31. Le débiteur élargi faute de consignation d'aliments ne pourra plus être incarcéré pour la même dette.

32. Les dispositions du présent titre et celles du Code de procédure civile sur l'emprisonnement, auxquelles il n'est pas dérogé par la présente loi, sont applicables à l'exercice de toutes contraintes par corps, soit pour dettes commerciales, soit pour dettes civiles, même pour celles qui sont énoncées à la deuxième section du titre II ci-dessus, et enfin à la contrainte par corps qui est exercée contre les étrangers. — Néanmoins, pour les cas d'arrestation provisoire, le créancier ne sera pas tenu de se conformer à l'article 780 du Code de procédure, qui prescrit une signification et un commandement préalables.

TITRE CINQUIÈME.

DISPOSITIONS RELATIVES A LA CONTRAINTE PAR CORPS EN MATIÈRE CRIMINELLE, CORRECTIONNELLE ET DE POLICE.

33. Les arrêts, jugements et exécutoires portant condamnation, au profit de l'État, à des amendes, restitutions, dommages-intérêts et frais en matière criminelle, correctionnelle ou de police, ne pourront être exécutés par la voie de la contrainte par corps que cinq jours après le commandement qui sera fait aux condamnés, à la requête du receveur de l'enregistrement et des domaines. — Dans le cas où le jugement de condamnation n'aurait pas été précédemment signifié au débiteur, le commandement portera en tête un extrait de ce jugement, lequel contiendra le nom des parties et le dispositif. — Sur le vu du commandement et sur la demande du receveur de l'enregistrement et des domaines, le procureur du roi adressera les réquisitions nécessaires aux agents de la force publique et autres fonctionnaires chargés de l'exécution des mandements de justice. — Si le débiteur est détenu, la recommandation pourra être ordonnée immédiatement après la notification du commandement.

34. Les individus contre lesquels la contrainte par corps aura été mise à exécution, aux termes de l'article précédent, subiront l'effet de cette contrainte jusqu'à ce qu'ils aient payé le montant des condamnations, ou fourni une caution admise par le receveur des domaines, ou, en cas de contestation de sa part, déclarée bonne et valable par le tribunal civil de l'arrondissement. — La caution devra s'exécuter dans le mois, à peine de poursuites.

35. Néanmoins, les condamnés qui justifieront de leur insolvabilité, suivant le mode prescrit par l'article 420 du Code d'instruction criminelle, seront mis en liberté après avoir subi quinze jours de contrainte, lorsque l'amende et les autres condamnations pécuniaires n'excéderont pas quinze francs; un mois, lorsqu'elles s'élèveront de quinze à cinquante francs; deux mois, lorsque l'amende et les autres condamnations s'élèveront de cinquante à cent francs; et quatre mois, lorsqu'elles excéderont cent francs.

36. Lorsque la contrainte par corps aura cessé, en vertu de l'article précédent, elle pourra être reprise, mais une seule fois, et quant aux restitutions, dommages-intérêts et frais seulement, s'il est jugé, contradictoirement avec le débiteur, qu'il lui est survenu des moyens de solvabilité.

37. Dans tous les cas, la contrainte par corps exercée en vertu de l'article 33 est indépendante des peines prononcées contre les condamnés.

38. Les arrêts et jugements contenant des condamnations en faveur des particuliers, pour réparations de crimes, délits ou contraventions, commis à leur préjudice, seront, à leur diligence, signifiés et exécutés suivant les mêmes formes et voies de contrainte que les jugements portant des condamnations au profit de l'État. — Toutefois, les parties poursuivantes seront tenues de pourvoir à la consignation d'aliments, aux termes de la présente loi, lorsque la contrainte aura lieu à leur requête et dans leur intérêt.

39. Lorsque la condamnation prononcée n'excédera pas trois cents francs, la mise en liberté des condamnés, arrêtés ou détenus à la requête et dans l'intérêt des particuliers, ne pourra avoir lieu, en vertu des articles 34, 35 et 36, qu'autant que la validité des cautions ou l'insolvabilité des condamnés auront été, en cas de contestation, jugées contradictoirement avec le créancier. — La durée de la contrainte sera déterminée par le jugement de condamnation dans les limites de six mois à cinq ans.

40. Dans tous les cas, et quand bien même l'insolvabilité du débiteur pourrait être constatée, si la condamnation prononcée, soit en faveur d'un particulier, soit en faveur de l'État, s'élève à trois cents francs, la durée de la contrainte sera déterminée par le jugement de condamnation dans les limites fixées par l'article 7 de la présente loi. — Néanmoins, si le débiteur a commencé sa soixante et dixième année avant le jugement, les juges pourront réduire le *minimum* à six mois, et ils ne pourront dépasser un *maxi-*

EXTRAITS DES CODES ANNOTÉS DE SIREY ET AUTRES AUTEURS.

ARRÊTS ET JURISPRUDENCE DE LA COUR DE CASSATION.	ARRÊTS ET JURISPRUDENCE DE LA COUR IMPÉRIALE DU RESSORT.

JUGEMENTS ET JURISPRUDENCE DU TRIBUNAL CIVIL DU RESSORT.

OBSERVATIONS DIVERSES.

mum de cinq ans. — S'il atteint sa soixante et dixième année pendant la durée de la contrainte, sa détention sera de plein droit réduite à la moitié du temps qu'elle avait encore à courir aux termes du jugement.

41. Les articles 19, 21 et 22 de la présente loi sont applicables à la contrainte par corps exercée par suite des condamnations criminelles, correctionnelles et de police.

TITRE SIXIÈME.

DISPOSITIONS TRANSITOIRES.

42. Un mois après la promulgation de la présente loi, tous débiteurs actuellement détenus pour dettes civiles ou commerciales obtiendront leur élargissement, s'ils ont commencé leur soixante et dixième année, à l'exception toutefois des stellionataires, à l'égard desquels il n'est nullement dérogé au Code civil (article 2066).

43. Après le même délai d'un mois, les individus actuellement détenus pour dettes civiles emportant contrainte par corps obtiendront leur élargissement, si cette contrainte a duré dix ans, dans les cas prévus au premier paragraphe de l'article 7, et si cette contrainte a duré cinq ans, dans les cas prévus au deuxième paragraphe du même article, comme encore si elle a duré dix ans, et s'ils sont détenus comme débiteurs ou rétentionnaires de deniers ou effets mobiliers de l'Etat, des communes et des établissements publics.

44. Deux mois après la promulgation de la présente loi, les étrangers actuellement détenus pour dettes, et dont l'emprisonnement aura duré dix ans, obtiendront également leur élargissement.

45. Les individus actuellement détenus pour amendes, restitutions et frais, en matière correctionnelle et de police, seront admis à jouir du bénéfice des articles 35, 39 et 40, savoir : les condamnés à quinze francs et au-dessous, dans la huitaine, et les autres, dans la quinzaine de la promulgation de la présente loi.

DISPOSITIONS GÉNÉRALES.

46. Les lois du 15 germinal an VI, du 4 floréal de la même année et du 10 septembre 1807, sont abrogées. Sont également abrogées, en ce qui concerne la contrainte par corps, toutes dispositions des lois antérieures relatives aux cas où cette contrainte peut être prononcée contre les débiteurs de l'Etat, des communes et des établissements publics. Néanmoins celles de ces dispositions qui concernent le mode des poursuites à exercer contre ces mêmes débiteurs, et celles du titre XIII du Code forestier, de la loi sur la pêche fluviale, ainsi que les dispositions relatives aux bénéfices de cessions, sont maintenues, et continueront d'être exécutées.

15-16 décembre. — LOI sur la contrainte par corps.

ARTICLE 1er. Le décret du 9 mars 1848, qui suspend l'exercice de la contrainte par corps, cesse d'avoir son effet. — La législation antérieure sur la contrainte par corps est remise en vigueur sous les modifications suivantes.

TITRE PREMIER.

DISPOSITIONS RELATIVES A LA CONTRAINTE PAR CORPS EN MATIÈRE CIVILE.

2. A l'avenir, la contrainte par corps ne pourra être stipulée dans un acte de bail pour le payement des fermages des biens ruraux.

3. Les greffiers, les commissaires-priseurs et les gardes du commerce seront, comme les notaires, les avoués et les huissiers, soumis à la contrainte par corps, dans les cas prévus par le paragraphe 7 de l'article 2060 du Code civil.

TITRE DEUXIÈME.

DISPOSITIONS RELATIVES A LA CONTRAINTE PAR CORPS EN MATIÈRE COMMERCIALE.

4. L'emprisonnement pour dette commerciale cessera de plein droit après trois mois, lorsque le montant de la condamnation en principal ne s'élèvera pas à cinq cents francs ; après six mois, lorsqu'il ne s'élèvera pas à mille francs ; après neuf mois, lorsqu'il ne s'élèvera pas à quinze cents francs ; après un an, lorsqu'il ne s'élèvera pas à deux mille francs. — L'augmentation se fera ainsi successivement de trois mois en trois mois pour chaque somme en sus qui ne dépassera pas cinq cents francs, sans pouvoir excéder trois années pour les sommes de six mille francs et au-dessus.

5. Pour toute condamnation en principal au-dessous de cinq cents francs, même en matière de lettre de change et de billet à ordre, le jugement pourra suspendre l'exercice de la contrainte par corps, pendant trois mois au plus, à compter de l'échéance de la dette.

6. A l'avenir les dispositions des articles 24 et 25 de la loi du 17 avril 1832 seront applicables aux matières commerciales.

TITRE TROISIÈME.

DISPOSITIONS COMMUNES AUX DETTES CIVILES ET AUX DETTES COMMERCIALES.

7. Le débiteur contre lequel la contrainte par corps aura été prononcée par jugement des tribunaux civils ou de commerce conservera le droit d'interjeter appel du chef de la contrainte, dans les trois jours qui suivront l'emprisonnement ou la recommandation, lors même qu'il aurait acquiescé au jugement et que les délais ordinaires de l'appel seraient expirés. Le débiteur restera en état.

TITRE QUATRIÈME.

DISPOSITIONS RELATIVES A LA CONTRAINTE PAR CORPS EN MATIÈRE CRIMINELLE, CORRECTIONNELLE ET DE POLICE.

8. La durée de la contrainte par corps, dans les cas prévus par l'article 35 de la loi du 17 avril 1832, ne pourra excéder trois mois. — Lorsque les condamnations auront été prononcées au profit d'une partie civile et qu'elles seront inférieures à trois cents francs, si le débiteur fait les justifications prescrites par l'article 39 de la même loi, la durée de l'emprisonnement sera la même que pour les condamnations prononcées au profit de l'Etat. — Lorsque le débiteur de l'Etat ou de la partie civile ne fera pas les justifications exigées par les articles ci-dessus indiqués de la loi du 17 avril 1832, et par le paragraphe 2 de l'article 420 du Code d'instruction criminelle, la durée de l'emprisonnement sera du double.

EXTRAITS DES CODES ANNOTÉS DE SIREY ET AUTRES AUTEURS.

<table>
<tr><td>ARRÊTS ET JURISPRUDENCE DE LA COUR
DE CASSATION.</td><td>ARRÊTS ET JURISPRUDENCE DE LA COUR IMPÉRIALE
DU RESSORT.</td></tr>
</table>

JUGEMENTS ET JURISPRUDENCE DU TRIBUNAL CIVIL DU RESSORT.

OBSERVATIONS DIVERSES.

9. Si le débiteur a commencé sa soixante-dixième année avant le jugement, la contrainte par corps sera déterminée dans la limite de trois mois à trois ans. — S'il a atteint sa soixante-dixième année avant d'être écroué, ou pendant son emprisonnement, la durée de la contrainte sera, de plein droit, réduite à la moitié du temps qui restera à courir.

TITRE CINQUIÈME.

DISPOSITIONS GÉNÉRALES.

10. La contrainte par corps ne peut être prononcée ni exécutée au profit de l'oncle ou de la tante, du grand-oncle ou de la grand'tante, du neveu ou de la nièce, du petit-neveu ou de la petite-nièce, ni des alliés au même degré.

11. En aucune matière, la contrainte par corps ne pourra être exercée simultanément contre le mari et la femme, même pour des dettes différentes. — Les tribunaux pourront, dans l'intérêt des enfants mineurs du débiteur et par le jugement de condamnation, surseoir, pendant une année au plus, à l'exécution de la contrainte par corps.

12. Dans tous les cas où la durée de la contrainte par corps n'est pas déterminée par la présente loi, elle sera fixée par le jugement de condamnation dans les limites de six mois à cinq ans. — Néanmoins, les lois spéciales qui assignent à la contrainte une durée moindre continueront d'être observées.

TITRE SIXIÈME.

DISPOSITIONS TRANSITOIRES.

13. Les débiteurs mis en liberté par suite du décret du 9 mars 1848, et à l'égard desquels la contrainte par corps est maintenue, pourront être écroués de nouveau, à la requête de leurs créanciers, huit jours après une simple mise en demeure, mais ils profiteront des dispositions de la présente loi.

14. Les dettes antérieures ou postérieures au décret du 9 mars qui, d'après la législation en vigueur avant cette époque, entraînaient la contrainte par corps, continueront à produire cet effet, dans les cas où elle demeure autorisée par la présente loi, et les jugements qui l'auront prononcée recevront leur exécution, sous les restrictions prononcées par les articles précédents.

15. Dans les trois mois qui suivront la promulgation de la présente loi, un arrêté du pouvoir exécutif, rendu dans la forme des règlements d'administration publique, modifiera le tarif des frais en matière de contrainte par corps.

EXTRAITS DES CODES ANNOTÉS DE SIREY ET AUTRES AUTEURS.

ARRÊTS ET JURISPRUDENCE DE LA COUR DE CASSATION.	ARRÊTS ET JURISPRUDENCE DE LA COUR IMPÉRIALE DU RESSORT.

JUGEMENTS ET JURISPRUDENCE DU TRIBUNAL CIVIL DU RESSORT.

OBSERVATIONS DIVERSES.

Paris. Imp. Paul Dupont.

www.ingramcontent.com/pod-product-compliance
Ingram Content Group UK Ltd.
Pitfield, Milton Keynes, MK11 3LW, UK
UKHW022053170726
13837UKWH00002B/926